ACCESO GRATIS *a la Lectura en la Nube*

Para visualizar el libro electrónico en la nube de lectura envíe junto a su nombre y apellidos una fotografía del código de barras situado en la contraportada del libro y otra del ticket de compra a la dirección:

ebooktirant@tirant.com

En un máximo de 72 horas laborables le enviaremos el código de acceso con sus instrucciones.

FUNDAMENTOS GENERALES DEL DERECHO

FUNDAMENTOS GENERALES DEL DERECHO

SERGIO ISLAS GUTIÉRREZ
Autor

tirant lo blanch
Ciudad de México, 2024

La presente obra ha sido dictaminada y aprobada para su publicación, de acuerdo con el sistema de revisión por pares doble ciego, por el Comité Editorial de la Facultad de Derecho de la Universidad Nacional Autónoma de México y su Comité Asesor. La misma pertenece a la Colección Tendencias Jurídicas.

Cuidado de la edición: Sergio Islas Gutiérrez

Fundamentos Generales del Derecho

Primera edición: 2024

En caso de erratas, la Editorial Tirant lo Blanch México publicará la pertinente corrección en la página web www.tirant.com/mex/

Este libro será publicado y distribuido internacionalmente en todos los países donde la Editorial Tirant lo Blanch esté presente.

ISBN (UNAM): 978-607-30-8791-9
ISBN: 978-84-1197-452-3

EDICIÓN: Coordinación Editorial de la Facultad de Derecho
MAQUETA: Innovatext

Si desea recibir información periódica sobre las novedades editoriales de la Facultad de Derecho envíe un correo electrónico a: *coordinacioneditorial@derecho.unam.mx*

Si tiene alguna queja o sugerencia, envíenos un mail a: *atencioncliente@tirant.com.*
En caso de no ser atendida su sugerencia, por favor, lea en *www.tirant.net/index.php/empresa/politicas-de-empresa* nuestro procedimiento de quejas.

Responsabilidad Social Corporativa: *http://www.tirant.net/Docs/RSCTirant.pdf*

COMITÉ ASESOR DE LA FACULTAD DE DERECHO

Índice

Capítulo IV

Argumentación jurídica

Capítulo V

Los principios jurídicos

Capítulo VI

Jerarquía de normas en México

Capítulo I
El concepto de derecho

a) Algunas consideraciones sobre el concepto de Derecho

En el presente capítulo se analizarán diversos conceptos de la palabra Derecho esgrimidos por autores de reconocida trayectoria jurídica. Antes de comenzar a analizarlos, es importante aclarar que dentro de la filosofía jurídica existen diversas corrientes para estudiar al derecho, dependiendo la corriente a la cual se adhiera el autor, será la concepción de derecho que presente. De las principales corrientes se encuentran el positivismo jurídico, el iusnaturalismo, el realismo jurídico, el denominado neoconstitucionalismo e incluso el también denominado postpositivismo jurídico, por citar algunas. Dichas corrientes se analizarán en capítulos subsecuentes, en este momento solo se enuncian para contextualizar la explicación sobre las concepciones de derecho que se abordarán en lo sucesivo, pues como se ha mencionado, la concepción del derecho va relacionada directamente a la corriente filosófica a la cual pertenezca la persona que la emana.[1]

Diversas acepciones de la palabra derecho

Conceptualizar el derecho ha sido una tarea demasiado compleja y cada concepto propuesto tiene un aspecto que se puede

1 ISLAS GUTIÉRREZ, Sergio, licenciado en derecho por la UNAM, Maestro en derecho por la UNAM con mención honorífica, Profesor de la Facultad de Derecho de la UNAM, profesor de la Facultad de Ciencias Políticas y Sociales de la UNAM, Profesor de la Universidad Pedagógica Nacional, Miembro del Seminario de Derechos Humanos del Centro de Investigaciones sobre América Latina y el Caribe de la UNAM, Abogado postulante.

criticar. Es por ello que el propio Hart ha mencionado lo siguiente: "pocas preguntas referentes a la sociedad humana han sido formuladas con tanta persistencia y respondidas por pensadores serios de maneras tan diversas, extrañas, y aun paradójicas, como la pregunta ¿qué es el derecho?"[2] Efectivamente, como lo señala Hart, definir al derecho es una tarea sumamente compleja, pues se pueden encontrar un sinnúmero de definiciones, sin embargo, pareciera que se quedan cortas para describir la disciplina que pretenden definir o bien en los debates filosóficos se cuestionan y hasta se llegan a descalificar unas a otras.

Una de las definiciones que se encuentra más frecuentemente presente para definir al derecho es la expresión de: conjunto de normas jurídicas destinadas a regular a una sociedad. Sin embargo, cabe formular las siguientes preguntas ¿El derecho son solo normas jurídicas agrupadas en un conjunto? ¿Las instituciones que operan el sistema jurídico no son derecho? ¿La costumbre es una norma jurídica? Y si la costumbre no es norma jurídica ¿Es derecho la costumbre? Las interrogantes anteriormente señaladas hacen aún más complejo definir al derecho. Para intentar responder los cuestionamientos anteriormente señalados resulta oportuno realizar el siguiente análisis.

Concepto de Derecho según Leonel Pereznieto Castro

Leonel Pereznieto Castro señala lo siguiente:

> El término *derecho* tiene diversas acepciones, así podemos decir: tengo derecho a recibir una pensión, dado que ya cumplí la edad requerida para mi jubilación. Crispín tiene derecho a contratar libremente o Waldo tiene derecho a domiciliarse donde más convenga a sus intereses, etc. El concepto de *derecho* que veremos en el siguiente párrafo, como conclusión, nos da los elementos que lo componen. El objeto del derecho será establecer un orden de paz, justicia, igualdad de certeza y libertad en el que debe de respetarse

---

2 L.A. HART, *El concepto de derecho,* trad. de Genaro R. Carrió, Buenos Aires, Argentina, Editorial ABELEDO-PERROT, 1998, p. 1.

> en todo momento a la persona para que pueda realizarse como tal, de acuerdo con sus expectativas, intereses y objetivos, y que al hacerlo esa persona impulse el desarrollo de la sociedad en que vive.
>
> A partir de las ideas antes expuestas, es preciso que dejemos sentado, así sea provisionalmente, lo que entenderemos por derecho, un concepto que nos ayude a seguir adelante en esta obra introductoria:
>
> *El concepto de derecho se integra por el conjunto de normas jurídicas que confieren facultades, que imponen deberes y que otorgan derechos con el fin de regular los intercambios y, en general, la convivencia social para la prevención de conflictos o su resolución, con base en los criterios de certeza, seguridad, igualdad, libertad y justicia".*[3]

Del análisis de la cita anterior se pueden desprender elementos que permiten entender la conceptualización del derecho en turno. En los ejemplos que señala Leonel Pereznieto Castro, se percibe que la palabra derecho se utiliza partiendo del objeto que le da origen. Cuando se señala: "tengo derecho a recibir una pensión, dado que ya cumplí la edad requerida para mi jubilación". La palabra derecho se utiliza para hacer referencia a un atributo ganado al cumplir determinados requisitos. En ese mismo contexto y como se observa en el enunciado señalado la palabra derecho se entiende como el acceso a un beneficio que se pretende ganado de forma meritoria y licita. Es por eso que cuando se dice: "Tengo derecho a..." dicha afirmación se encuentra fundada en que se cree haber cumplido determinados lineamientos para acceder a un beneficio. Dicha creencia no se queda solo en el ámbito de supuesto personal. Para que sea válida es necesario que exista un sistema normativo que le otorgue validez. Se puede distinguir entonces que para poder hacer exigible un atributo que se pretende adquirido, no es suficiente creer que se han cumplido los requisitos para acceder al mismo, se debe de cumplir la norma jurídica correspondiente que regula dicha acción y al cumplir la obligación correspondiente, se accede a un beneficio que usualmente será llamado derecho. El elemento de cumplimiento de la

---

3 PEREZNIETO CASTRO, Leonel, *Introducción al estudio del derecho,* 7a. ed., México, Editorial OXFORD, 2016, pp. 35 y 36.

norma jurídica va a distinguir cuando se emplea la palabra derecho de una forma técnica y cuando se utiliza de forma coloquial.

En el enunciado: "Crispín tiene derecho a contratar libremente..." La palabra derecho se utiliza para referenciar el ejercicio de una garantía. En el enunciado anterior se entiende que Crispín tiene determinadas facultades reconocidas por el Estado, por tal razón puede ejercitarla por no ser contraria a la norma jurídica. A la facultad de ejercitar dicha garantía se le denomina derecho. El elemento nuevamente que se observa para diferenciar el uso de la palabra derecho de una forma coloquial al uso de la palabra de una forma técnica nuevamente se encuentra en la observancia de la norma jurídica que le da validez al pertenecer al sistema jurídico que emana del Estado.

En el caso del concepto que propone el autor abordado, se aprecia que el derecho es reducido a un conjunto de normas jurídicas, mismas que como se cuestionaba al inicio del presente capítulo y con el análisis de que la palabra derecho puede definirse partiendo del objeto al que hace referencia, reducir el concepto a un conjunto de normas, nuevamente pareciera quedar muy corto. Es verdad que el autor señala que la definición es un tanto provisional, la problemática de conceptualizar al derecho de esa forma, aunque sea provisionalmente, es que se corre el riesgo como ha pasado, que se quede esa reducción del derecho a conjunto de normas jurídicas de forma permanente dejando de observar mayores elementos que lo conforman. Se puede señalar de los elementos analizados que la palabra derecho se usa de forma coloquial, cuando carece de sentido jurídico y de forma técnica cuando presenta sentido jurídico. El elemento que va a dar ese sentido jurídico es la observancia de la norma jurídica perteneciente a un sistema jurídico preestablecido y valido.

Algunas Consideraciones de derecho relevantes de Hans Kelsen

Uno de los doctrinarios fundamentales en el estudio del derecho sin duda es Hans Kelsen, mismo que con su aporte de la

Teoría Pura del Derecho, revolucionó la forma de entendimiento del mismo. En este apartado siguiendo el análisis del concepto de derecho resulta oportuno analizar lo señalado por el propio Kelsen en la siguiente cita:

> "Si se parte de la distinción entre ciencias naturales y ciencias sociales, y, por ende, de una distinción entre naturaleza y sociedad, como distinción entre los diferentes objetos de esas ciencias, se plantea entonces, por de pronto, el interrogante de que si la ciencia jurídica es una ciencia natural o una ciencia social; de si el derecho es un objeto natural o un objeto social. Pero esta contraposición de naturaleza y sociedad no es posible sin más ni más, puesto que la sociedad entendida como la convivencia fáctica de los seres humanos, puede ser pensada como una parte de la vida en general, y, por ello, como una parte integrante de la naturaleza; y en tanto el derecho —o aquello que, por de pronto, se suele considerar tal—, por lo menos en cuanto se encuentra con una parte de su ser en el dominio de la naturaleza, pareciera tener una existencia plenamente natural. Si se analiza, en efecto, uno cualquiera de los acontecimientos fácticos considerados jurídicos, o que se encuentran en alguna relación con el derecho —como pudiera ser una votación parlamentaria, un acto de administración, la sentencia de un juez, un negocio jurídico, un delito—, cabe distinguir dos elementos: uno es un acto sensiblemente perceptible que de por sí acaece en el tiempo y en el espacio, o bien, una serie de semejantes actos: el extremo acontecer de las acciones humanas; el otro elemento está constituido por la significación jurídica, es decir: la significación que el acontecimiento adquiere por el lado del derecho".[4]

De la cita anterior se pueden resaltar diversos elementos, el primero que me parece relevante es que Kelsen distingue a las ciencias naturales de las ciencias sociales y a su vez distingue que la ciencia jurídica no es lo mismo que el derecho, al derecho lo observa como un objeto de estudio. Entonces el derecho es el objeto de estudio de la ciencia jurídica en lo propuesto por Kelsen. Posteriormente se cuestiona sobre la pertenencia de la ciencia jurídica a las ciencias naturales o sociales, se resaltan dos

---

4 KELSEN, Hans, *Teoría Pura del Derecho*, trad. de Roberto Vernengo, México, Porrúa México, 1982, pp. 15-16.

elementos, las acciones y la significación jurídica. Por un lado, existen acciones y lo que va determinar el tipo de acción realizada es la significación jurídica que se le otorgue, dicha significación se va a encontrar establecida en la norma jurídica, por lo tanto, la convivencia humana se encuentra en una interacción continua de acciones y significaciones, para el derecho la importancia de la significación jurídica la establece la norma por lo tanto el derecho es norma jurídica y como consecuencia el objeto de estudio de la ciencia jurídica.

Para seguir realizando la distinción del derecho, resulta oportuno presentar la siguiente cita de Hans Kelsen:

> "Un acto —en cuanto se expresa a través de palabras verbalmente formuladas, o escritas— puede él mismo enunciar algo sobre su significado jurídico. En ello se encuentra una peculiaridad del material dado al conocimiento jurídico. Una planta nada puede transmitir sobre sí misma al investigador natural que la determina científicamente. No intenta en forma alguna explicarse a sí misma desde un punto de vista científico natural. Pero un acto de conducta humana puede llevar muy bien consigo una autoatribución de significado jurídico; es decir: contener enunciación sobre lo que significa jurídicamente. Los hombres reunidos en un congreso pueden expresamente explicar que han dictado una ley; un hombre puede describir literalmente sus disposiciones de última voluntad como testamento; dos personas pueden declarar que inician un negocio jurídico. El conocimiento conceptual del derecho encuentra a veces ya una autocaracterización jurídica del material, que se anticipa a la explicitación que cumplirá el conocimiento jurídico."[5]

De la siguiente cita se resalta que Kelsen señala que cada acto de conducta humana puede llevar una autoatribución de significado jurídico. Es decir, cada acto realizado por humanos tiene una relación con lo jurídico, entendido que cada acto humano se encuentra por lo general regulado por una norma jurídica. Resulta oportuno observar la siguiente cita con relación a la autoatribu-

5 Op Cit. Pág. 17

ción jurídica de los actos humanos para continuar con el análisis de lo propuesto por Kelsen.

> "El acontecimiento externo que, por su significación objetiva constituye un acto conforme a derecho (o contrario a derecho), es, pues, en todos los casos, en cuanto suceso que se desarrolla en el tiempo y en el espacio, sensiblemente perceptible, un trozo de la naturaleza y, en cuanto tal, determinado por leyes causales. Sólo que ese suceso, en cuanto tal, como elemento del sistema de la naturaleza, no es objeto de un conocimiento específicamente jurídico, y, de esa suerte, no constituye en general nada que sea derecho. Lo que hace de ese acontecimiento un acto conforme a derecho (o contrario a derecho) no reside en su facticidad, en su ser natural —es decir: en su ser determinado por leyes causales, encerrado en el sistema de la naturaleza—, sino en el sentido objetivo ligado al mismo, la significación con que cuenta. El acontecimiento en cuestión logra su sentido específicamente jurídico, su significación propia en derecho, a través de una norma que se refiere a él con su contenido, que le otorga significación en derecho, de suerte que el acto puede ser explicitado según esa norma. La norma funciona como un esquema de explicitación. En otras palabras: el enunciado de que un acto de conducta humana situado en el tiempo y el espacio es un acto de derecho (o, un acto contrario a derecho) es el resultado de una explicitación específica, a saber, una explicitación normativa. Puesto que también en la concepción de que el acto exhibe un acontecer natural, solo recibe expresión una explicación determinada, diferente de la normativa, a saber: una explicitación causal. La norma, que otorga al acto el significado de un acto conforme a derecho (o contrario a derecho), es ella misma producida mediante un acto de derecho que, por su lado, nuevamente recibe su significación jurídica de otra norma"[6]

En lo anteriormente citado, Kelsen muestra que la realización de un hecho o un acto como tal no se puede señalar como un hecho o un acto de derecho, aunque existan las condiciones materiales y naturales para su realización, lo que le va a dar significación jurídica es el contenido de la norma jurídica que los expresa y los determina en su propio contenido. La norma jurídica es la que le va a dar significación jurídica al acontecimiento a través

---

6 Op, Cit. Pág. 17 y 18.

del contenido de la misma. Entonces se puede concluir desde lo analizado de Kelsen que los acontecimientos, hechos o actos jurídicos tienen una significación jurídica en tanto sean establecidos en el contenido de la norma jurídica que a su vez obtiene validez de otra norma jurídica que se la otorga. Es derecho la conducta que se encuentra determinada en una norma jurídica.

Consideraciones fundamentales de Derecho de Rolando Tamayo y Salmorán

Rolando Tamayo en su amplia obra ha señalado entre muchos aportes, lo siguiente:

> "Muchos términos o palabras no pueden definirse ostensivamente, lo que nombran no son cosas ostensibles; *v.g.: "valentía", "la iracundia", "integridad", e cosí via.*
>
> Dentro de este género de términos se encuentra la palabra "derecho" y sus equivalentes."[7]

Es así como Rolando Tamayo señala la complejidad de la definición de la palabra derecho, pues es complejo estructurar los elementos de su determinación, para ello el autor en turno señala lo siguiente:

> "No puedo sacar del bolsillo un "derecho" y exhibirlo; no puedo, subido en una cumbre, señalar un derecho en el horizonte."[8]

Siguiendo el mismo contexto, se puede observar que para poder definir al derecho se debe de estructurar diversos constructos epistemológicos basados en determinados métodos y teorías que permitan poder mostrar los componentes del mismo y sus funciones.

---

7 TAMAYO Y SALMORÁN, Rolando, Ciencia *del Derecho y Enunciados. Derecho y Normas, un enfoque de análisis conceptual y epistemología crítica*, tirant lo Blanch, México, 2021, pág. 43.

8 Ídem.

Pero para poder estructurar dichos constructos epistemológicos es necesaria como acción lo que señala Rolando Tamayo a continuación:

> Los enunciados de las ciencias son actos de razón (por los cuales se conoce), las descripciones jurídicas son actos de voluntad dictados por aquellos que están facultados (*ermächtigt o erlaubt)* para ello.
>
> Ahora bien, si para que el derecho aparezca es necesario decirlo, puede concluirse, lógicamente, que el derecho es *un lenguaje*. De esto se sigue que *el derecho tiene como condición necesaria y suficiente su formulación lingüística.* [9]

Es así como se puede señalar que para comenzar a estructurar los constructos epistemológicos es necesario decir al derecho y en lo analizado partiendo de las teorías abordadas, decir el derecho significa decir el contenido de la norma jurídica, para ello existe un lenguaje jurídico, pues para decir al derecho se requieren términos específicos. Cuando se dice el contenido de la norma jurídica se puede evidenciar lo que se podría entender como derecho, pero solo una parte de él. De ahí que el Maestro Tamayo señale que el derecho es un lenguaje y como todos los lenguajes, sus conceptos se encuentran sujetos a la interpretación. Cuando los contenidos que conforman las normas jurídicas son sujetos a interpretación, es ahí donde surge la ciencia jurídica, pues para poderlos definir y explicar se requiere de métodos que van a ser creados por la ciencia jurídica. Es así que se sostiene que el derecho entendido como el contenido de la norma jurídica dicha va a ser el objeto de estudio de la ciencia jurídica o también llamada ciencia del derecho.

> "La ciencia del derecho, desde su origen tuvo muy claro que *ius* ("derecho"), nombraba algo (i.e., su objeto de estudio), el cual había que determinar. No hubiera habido ciencia del derecho, si eso no hubiera sido posible. Sin embargo, para algunos autores con "derecho" aluden a algo inasible, inefable, en fin, indefendible. Esta extraña convicción debe mucho a la ignorancia; pero, tam-

9 *Ibidem*, pág. 46.

> bién, a la abundante literatura que ha obscurecido su descripción al convertir "derecho" en expresión de sentimientos o emociones; de virtudes, valores o idearios situados en dimensiones inaccesibles e impenetrables. Por fortuna, esto no es así. Para la ciencia del derecho, como para la profesión jurídica, el significado de "derecho", desde tiempos clásicos, ha sido clara e inteligible. La ciencia del derecho, en la determinación de su objeto, —como toda ciencia— tiene que comenzar describiendo los hechos incontestables, empíricamente verificables; sin mitos, catequesis o conjeturas; alejada de supercherías y de componentes emocionales de la conciencia, de credos e ideologías."[10]

De lo señalado anteriormente por el Maestro Tamayo, es importante precisar entonces qué es derecho y qué no es derecho. En ese mismo contexto se observa que cuando un operador jurídico no realiza la actividad para la cual el Estado le otorga determinada investidura (Juezas y jueces, fiscales, etc) se dice ante esas acciones que el derecho no sirve, pero es preciso aclarar que la omisión de la realización de las actividades de impartición de justicia por los operadores jurídicos, no es derecho, incluso es antijurídico es decir es antiderecho, pues el mismo derecho entendido en su parte de contenido de la norma jurídica prohíbe esa acción. Por ello es prioritario analizar a profundidad las razones que dan origen al comportamiento de los operadores jurídicos que no instrumentan al sistema jurídico de forma adecuada, reiterando que esa inadecuada instrumentación no es derecho, de igual forma las conductas de ocupar cargos en beneficio personal y acciones similares son antiderecho.

Consideraciones fundamentales de Derecho de Ronald Dworkin

Ronald Dworkin ha sido considerado como un autor antipositivista. A diferencia de Hans Kelsen que ha sido considerado uno de los más grandes si no es el que más positivista, por ello las teorías de cada uno son distintas, así como la propuesta misma de entender al derecho.

---

10 Op. Cit, página 30

Ronald Dworkin señala lo siguiente:

> "El derecho es un concepto interpretativo. Los jueces deberían decidir qué es el derecho al interpretar la práctica de otros jueces cuando deciden qué es el derecho. Las teorías generales del derecho son, para nosotros, interpretaciones generales de nuestra propia práctica judicial. Rechazamos el convencionalismo, que halla la mejor interpretación en la idea de que los jueces descubren y ponen en vigor convenciones legales especiales, y el pragmatismo, que la encuentra en la historia diferente de los jueces como arquitectos independientes del mejor futuro, libres de la demanda inhibitoria de que deben actuar de forma coherente en principio unos con otros. Destaqué la tercera concepción, el derecho como integridad, que une la jurisprudencia y la adjudicación. Hace que el contenido del derecho no dependa de convenciones especiales o cruzadas independientes sino de interpretaciones más refinadas y concretas de la misma práctica legal que ha comenzado a interpretar".[11]

En una de las propuestas que Dworkin realiza es que el derecho es interpretación. De la cita anterior se desprende que la interpretación va a surgir de la práctica que realizan los jueces, es decir la forma en la que dichos operadores jurídicos entienden al derecho al momento de aplicarlo, de ejercerlo al resolver una controversia. Para profundizar en las formas de interpretación jurídica se invita al lector a leer el capítulo correspondiente de la presente obra.

Es importante precisar que, si bien, la forma de interpretar de los jueces al momento de realizar las funciones jurídicas correspondientes son importantes, no se debe de perder de vista que lo que se interpreta es la norma jurídica, es decir, cada juez va a resolver la controversia que se le presente partiendo de la norma jurídica que pretende aplicar, en esa aplicación intervienen diversas formas de interpretación pero las mismas parten de la norma jurídica. Para Dworkin la interpretación es lo que define a la ley no al revés. En dicha concepción es importante realizar la siguiente cita:

---

11 DWORKIN, Ronald, El *Imperio de la justicia*, Gedisa, Barcelona, 2012, pp. 287-288.

> "Los juicios son también importantes en otro aspecto que no puede medirse en dinero, ni siquiera en libertad. Es inevitable la dimensión moral de una acción ante la justicia y por lo tanto, el riesgo de alguna forma distintiva de injusticia pública. Un juez no debe sólo decidir quién recibirá qué, sino quién se ha comportado bien, quien ha cumplido sus responsabilidades de ciudadano, y quién en forma intencional, o por codicia o insensibilidad ha ignorado sus propias responsabilidades con respecto a los demás, o exagerado las de los demás con respecto a sí mismo. Si este juicio no es justo, entonces la comunidad ha infligido un daño moral a uno de sus miembros porque en cierto grado o cierta dimensión lo ha signado como un proscrito. El daño es aun mayor cuando se condena por crimen a una persona inocente, pero es bastante sustancial cuando un demandante con un reclamo justo es echado de la corte, o un acusado sale con un estigma que no merece.
>
> Estos son los efectos directos de un juicio sobre las partes y sus dependientes. En Inglaterra y Estados Unidos, entre otros lugares, las decisiones judiciales afectan también a muchas otras personas porque la ley a menudo se convierte en lo que el juez sostiene que es."[12]

Dworkin señala la intervención de la moral en la cita anterior, menciona algunas referencias para hacerla evidente y establece que la ley a menudo se convierte en lo que el juez sostiene que es. Opinión que no comparto, pues en caso de que un juicio como el propio Dworkin señala no sea justo, la comunidad infringe un daño moral a uno de sus miembros, sostengo que el daño no es moral, el daño es a su esfera jurídica y a sus derechos por lo tanto si un juicio no es justo el daño es jurídico más no moral como lo señala el propio Dworkin. En cuanto a lo que señala que la ley se convierte a menudo en lo que el juez sostiene que es, tampoco comparto dicha postura, pues el juez aplica determinada ley y en esa aplicación va a señalar los argumentos que fundamentan la aplicación de la misma es decir la ley se encuentra establecida, los argumentos para explicar la aplicación de la misma los estructura el juez por lo tanto una cosa es la ley y otra los razonamientos de aplicación que por lo general se le denomina interpretación, sin embargo no significa que la interpretación de la ley desaparezca

---

12 Op. Cit. Pág 15

a la misma que se encuentra contenida en un cuerpo normativo. La interpretación de la ley se desprende de la misma ley y no al revés. Es verdad que la actividad del juez es fundamental para la impartición de justicia, pero, aunque el juez tiene cierta libertad en su actuar, también se encuentra sujeto a las normas del sistema jurídico en el que actúa, por lo tanto, se sujeta a las normas jurídicas que lo regulan.

En la postura de Dworkin, se observan elementos como la interpretación, la moral e incluso los principios jurídicos (estos últimos se analizarán a profundidad más adelante) que abren la visión del derecho a un concepto más allá de la norma jurídica, dichos elementos también interactúan en el proceso de impartición de justicia, pero hasta nuestros días sigue abierto el debate para resolver si son derecho o no. La interpretación al partir de una norma jurídica e integrarse al sistema jurídico se convierte en derecho. La moral, cuando se incorpora al sistema jurídico positivizado deja de ser moral y se convierte en jurídico, es decir en derecho, ocurre lo mismo con los principios generales de derecho o jurídicos, al momento que los elementos antes mencionados son reconocidos e integrados por el sistema jurídico se convierten en derecho.

Con el análisis realizado de los autores abordados hasta ahora se puede observar que cada uno al ser de una corriente filosófica distinta, observan elementos jurídicos que pretenden explicar al derecho desde las ópticas de sus propias corrientes filosóficas.

Para continuar con el presente debate a continuación se abordarán algunos elementos de la teoría del gran maestro y filósofo del derecho Luis Recasens Siches.

Consideraciones fundamentales de Derecho de Luis Recasens Siches

En el presente apartado se abordarán algunas de las consideraciones de mayor relevancia de derecho de Luis Recasens Siches, considerado como uno de los más grandes filósofos del derecho, Luis Recasens Siches señala lo siguiente:

> "En efecto, el Derecho es el agente garantizador de la paz entre los hombres, del orden social, de la libertad de la persona, el defensor de sus posesiones y de su trabajo, el órgano que ayuda a llevar a cabo grandes empresas y a realizar importantes ideales, cuya puesta en práctica no sería posible sin la intervención jurídica. Además, en las leyes, los reglamentos, las acciones y las resoluciones administrativas, las sentencias de los tribunales, parece como que está depositado un tesoro espiritual de sabiduría ética, que ha ido decantándose a través de la experiencia histórica y al calor de las más esforzadas reflexiones por los hombres. No en vano ni caprichosamente definieron los romanos la jurisprudencia como el arte de lo bueno y de lo justo y como el saber sobre todas las cosas humanas y divinas. Así mismo, gracias a la acción organizadora del Derecho se presenta muchas veces como un conjunto de duras barreras, de ásperas restricciones, de aparatos coercitivos, que se oponen frecuentemente a deseos, aspiraciones, antojos, afanes y anhelos de los individuos y de algunos grupos sociales."[13]

Luis Recasens Siches establece que el derecho es un agente garantizador de un bien común. Es decir, el derecho es una creación social que busca dar orden, bien común y seguridad a las personas que integran una sociedad. Dichas sociedades van a establecer las finalidades que van a perseguir para tener una convivencia armónica, el autor abordado señala varios ejemplos como la protección al trabajo, a la libertad, a las posesiones etc. Cuando se pretende regular una conducta, también señala el autor, van a existir personas o grupos de personas que se van a sentir agraviados, como ejemplo se puede señalar la norma jurídica que establece límites de velocidad al conducir un vehículo. La razón principal para la creación de dicha norma es evitar los accidentes por conducir un vehículo a exceso de velocidad. La razón es un bien común que pretende beneficiar a la mayoría de las personas que integran una sociedad, sin embargo, al establecer dicha norma, existe un grupo social que se siente agraviado, restringido, sometido a algo en lo que no están de acuerdo. Las personas que sienten tener la libertad de conducir sus vehículos rebasando los límites de velocidad

---

13 RECASENS SICHES, Luis, *Introducción al Estudio del Derecho*, 17 ed., Porrúa, México, 2014, pp. 2-3.

impuestos por la norma jurídica. El factor que va a determinar cuál es la causa que se va a imponer a otra, es el mayor beneficio al mayor número de personas que integran esa sociedad.

Por lo tanto, el derecho, como lo ha señalado Luis Recasens Siches, al buscar el bien común para la mayoría de las personas que integran una sociedad es un agente garantizador de la paz.

Para Luis Recasens los fines funcionales del derecho son: "a) certeza y seguridad, a la vez que posibilidad de cambio; b) resolución de los conflictos de intereses; y c) organización, legitimación y restricción del poder político."[14] Como se puede observar, las funciones del derecho en su esencia de origen se pueden traducir en la búsqueda del bien común, por tanto, los aspectos de aplicación del mismo deben ir encaminados a velar por la protección del mismo.

> "Conviene insistir en que el Derecho es un medio especial, cuya especialidad consiste en su normatividad coercitiva, adoptado por los hombres en sociedad para asegurar la realización de los fines cuyo logro consideran necesario para su vida.
>
> El derecho intenta promover seguridad en aquello que a una determinada sociedad le interesa preservar para la realización de los fines cuyo cumplimiento considera no sólo muy importante, sino además imprescindible.
>
> Repito que, naturalmente, la justicia, la licitud, la conveniencia, etc. De los fines, deben ser enjuiciadas por la estimativa jurídica, por la doctrina de los valores jurídicos. Pero, desde un punto de vista puramente formalista, debemos percatarnos con claridad de que lo jurídico no es la especificación de ciertos fines, sino tan sólo una especial manera de realización de ciertos fines sociales, a saber: la manera que implica una garantía de normatividad impositiva o coercitiva."[15]

Analizando lo anteriormente citado, se resalta el carácter formal del derecho, es decir, más allá de los enjuiciamientos que se puedan realizar a los elementos de justicia, licitud, etc. Existe también un elemento formal mismos que van a determinar la imposi-

---

[14] Op cit, pág. 112

[15] Op. Cit pág. 122.

ción de la norma jurídica y la coercitividad de la misma, es decir, la forma en la que se va a obligar a cumplirla.

Entonces se puede decir que el derecho es también obligatorio, no es de aplicación voluntaria, es verdad que existen supuestos contemplados por la norma jurídica, mismos que para hacerse obligatorios se debe de estar en dicho supuesto, pero eso no implica que el derecho sea de aplicación voluntaria. El derecho es de aplicación forzosa en un aspecto formal para los miembros de la sociedad que regula.

Consideraciones fundamentales de Derecho de Robert Alexy

Robert Alexy en su teoría presenta diversos elementos que se consideran innovadores para la teoría jurídica, como en casi todas por no decir que, en todas las propuestas filosóficas, como ya he mencionado con anterioridad, son aprobadas o descalificadas por los estudiosos del derecho y la de Robert Alexy no es la excepción. Para el presente análisis resulta importante abordar las siguientes consideraciones expresadas por el autor en turno.

> Un concepto fuerte de derecho es un concepto de acuerdo al cual todos los rasgos que se consideran importantes en conexión con los derechos, son elementos del concepto de derecho. Se pueden encontrar ejemplos famosos de conceptos fuertes en la teoría de Jhering que define a los derechos como intereses jurídicamente protegidos, y en la definición de derecho de Windscheid que la define como un poder de la voluntad o superioridad de la voluntad que confiere el orden jurídico. Otras teorías que proponen un concepto fuerte son las teorías escépticas de los derechos, que primero tratan la existencia de un derecho como elemento del concepto de derecho y entonces negando la existencia de derechos pueden declarar fácilmente que el concepto de derecho es un concepto vacío. Todos los conceptos fuertes de derecho tienen una seria desventaja. Ellos transforman cuestiones substanciales de la teoría del derecho muy discutidas en problemas conceptuales.[16]

---

[16] Cfr. ALEXY, Robert, *Derecho y Razón Práctica*, Fontamara, México, 2017, pág. 26.

Para un mayor entendimiento del concepto de derecho es necesario realizar la distinción que menciona Alexy en la cual refiere que existen conceptos fuertes y débiles de derecho. Para poder reconocer un concepto fuerte de derecho o también se podría decir un concepto estructurado de forma más adecuada de derecho es la conexión o referencia que hace el mismo hacia los derechos. Alexy presenta un ejemplo de conceptos de derecho fuertes o estructurados de forma adecuada y de Jhering refiere que los derechos son intereses jurídicamente protegidos. El concepto mencionado anteriormente se considera fuerte al involucrar el interés, así como la protección jurídica al mismo. Cuando se habla de protección jurídica, se refiere a que existen normas jurídicas positivas, es decir, puestas por la autoridad competente de forma obligatoria, mismas que cumplieron el proceso jurídico para ser aplicadas. El ejemplo que pone Alexy presenta una conexión entre el concepto y los derechos. Al hablar de intereses se entiende que los mismos son los que la sociedad establece, se hace nuevamente referencia a esa seguridad jurídica para la mayoría de las personas que integran una sociedad.

En el segundo ejemplo de concepto fuerte de derecho se señala el de Windscheid que lo define como un poder de la voluntad o superioridad de la voluntad que confiere el orden jurídico.

En el presente ejemplo se puede observar nuevamente la referencia al orden jurídico. El poder de voluntad al que refiere no se gobierna por sí mismo ni es impuesto de forma arbitraria, esa superioridad de la voluntad que se señala, todo el tiempo se encuentra sujeta a un orden jurídico, dicho orden previamente fue establecido por las normas jurídicas que lo regulan así mismo operado por las autoridades correspondientes que reciben dichas facultades para operar de la propia norma jurídica, así como ese poder de voluntad se va a sujetar a la norma jurídica para establecer si se permite o se prohíbe.

Es así como se presenta una tesis de conceptos fuertes y débiles del derecho determinados por la composición de los mismos.

Algunas consideraciones de Derecho de Karl Marx

Las consideraciones de derecho de Karl Marx han servido como base de determinadas teorías que pretenden observar situaciones sociales que no son derecho propiamente. Para poder profundizar un poco más en lo referido anteriormente se señalará la siguiente cita:

> "Carlos Marx, en su famoso "Prólogo" a la Contribución a la crítica de la economía política de 1859, ubica al derecho en la superestructura que contiene las determinadas formas de conciencia social que han sido levantadas sobre la estructura económica de la sociedad, en la que los hombres han contraído determinadas relaciones necesarias e independientes de su voluntad: las relaciones de producción.[17]

En ese contexto diversas posturas han señalado que el derecho es lo que los grupos hegemónicos de poder digan, se dice que el derecho es el instrumento que pretende proteger a las clases económicamente altas. Dichas posturas señaladas con anterioridad no las comparto, pues si bien el derecho protege la economía, no es su única función, también protege otros bienes jurídicamente tutelados que no son propiamente elemento fundamental de la economía. De igual forma en el derecho intervienen los grupos hegemónicos de poder, pero no son los únicos que intervienen, también en el derecho intervienen los grupos que no son hegemónicos, es más los grupos sociales oprimidos crean desde sus esferas derecho. Por lo tanto, dichas tesis que pretenden ser reduccionistas del derecho basadas en la teoría marxista son infundadas y desvirtúan la propia teoría en análisis para incluir como derecho elementos que no lo son.

Propuesta de concepto de derecho

La concepción de derecho que propongo es la siguiente: El derecho es el lenguaje y la estructura jurídica formada por las normas

---

17 RODRÍGUEZ MANZANERA, Carlos, *Introducción al Estudio del Derecho,* México, Facultad de Derecho-Porrúa, 2017, pág 118.

jurídicas, por la ciencia jurídica, por la filosofía jurídica expresada mediante la argumentación jurídica. Dicha estructura se encuentra dotada de positividad y coerción, operada por los organismos con investidura otorgada por el Estado con la finalidad de dar certeza jurídica a la sociedad en la cual se instaura. Al analizar cada uno de los elementos anteriormente señalados por separado, se observa que se crea un lenguaje, es por ello que como señala el Dr. Rolando Tamayo el derecho es también un lenguaje. El contenido de la estructura jurídica llamada derecho, se lo va a dar la sociedad en la cual se instrumenta, por ello, si dicho contenido no responde a los fines de la sociedad que lo opera, el cuestionamiento de dicha ineficiencia se debe de realizar a la sociedad directamente, por eso se dice que las normas jurídicas reflejan cómo es una sociedad.

Se propone el concepto anteriormente señalado, pues desde mi punto de vista no se puede reducir el concepto de derecho a un conjunto de normas jurídicas, aunque en un nivel de abstracción se puede considerar así, existen elementos más específicos que considero se deben observar. La razón por la cual sostengo que el concepto de derecho reducido a un conjunto de normas jurídicas tiene un nivel de abstracción muy elevado es la siguiente: El maestro Rolando Tamayo señala en su teoría, como se analizó, que para que el derecho se pueda observar es necesario que se diga ¿Cómo se va a decir? A través de su propio lenguaje, por eso se reitera que el derecho es también un lenguaje. Kelsen por su parte hace referencia a que se puede entender como derecho a las conductas que se encuentran contenidas en el cuerpo de una norma jurídica. Entonces observamos que el derecho en esta parte sigue siendo un lenguaje.

La ciencia jurídica establece los métodos para explicar el contenido de la norma jurídica como función principal, entonces la ciencia jurídica también ocupa y crea lenguaje jurídico que va a ser incluido en el contenido de la norma jurídica. Por su parte la filosofía jurídica como principal función va a explicar los niveles de abstracción del contenido de la norma jurídica, por lo tanto, la filosofía jurídica en un nivel más elevado va a utilizar y crear lenguaje jurídico, mismo que también va a ser incluido en el contenido de la norma jurídica. Dicho contenido de la norma jurídica no se dice por sí mismo, requiere de la argumentación jurídica que va a ser la herramienta principal para decir al derecho entendido en esta parte como contenido de la norma jurídica. En ese mismo contexto, se observa que prácticamente todas las actividades que realiza el ser humano en sociedad se encuentran reguladas por una norma jurídica. Entonces, cuando nace una norma jurídica en el contenido de la misma se encuentran elementos de la ciencia jurídica y de la filosofía jurídica. En el contenido de la norma jurídica concurren dichas disciplinas. Eso, por un lado. Pero como las conductas humanas, así como la percepción de las mismas en sociedad son cambiantes, en otra parte, el contenido de la norma jurídica que va a ser considerado derecho se vuelve a convertir en el objeto de estudio de la ciencia jurídica y de la filosofía jurídica para autoalimentarse. Por eso se entiende que los sistemas jurídicos son autopoiéticos, es decir, que regulan su propia creación. La conducta humana y la percepción de la misma, al ser cambiantes por los miembros de la sociedad, el derecho entendido como el contenido de la norma jurídica también va a ser cambiante y dinámico de ahí que haga referencia en el concepto de derecho que propongo que es una estructura jurídica y también un lenguaje. Presento el siguiente esquema para ejemplificar lo anteriormente dicho:

Observa ↓	Filosofía del derecho o meta teoría del derecho. Objeto: Descripción, análisis y pruebas de los presupuestos, postulados, conceptos y definiciones de la ciencia del derecho	↑ Analiza y Comprueba los métodos
Observa ↓	Ciencia del Derecho o *Prudentia iuris* Objeto: Descripción o explicación sintáctica, semántica y Pragmática del lenguaje del derecho positivo	↑ Crea métodos

<table>
<tr>
<td>Resultado de la Observación
</td>
<td>Derecho Positivo entendido como la norma jurídica puesta
Por la autoridad competente.</td>
<td>
Objeto de Observación</td>
</tr>
</table>

Figura 0 [18]

Para operar dicha estructura se encuentran instituciones encargadas de ello, mismas que el Estado les otorga dichas facultades. Algunos autores formalistas señalan que se debe de observar de forma separada al derecho (Pues lo entienden como conjunto de normas jurídicas) a la ciencia jurídica, a la filosofía jurídica y a la argumentación jurídica, me parece que para su estudio si es posible separarlas pero en la práctica no comparto dicha postura pues la ciencia jurídica y la filosofía jurídica son las áreas que alimentan al conjunto de normas jurídicas y la argumentación jurídica es la forma en la que se dice al derecho entendido como la estructura propuesta. Por tal razón sostengo que el derecho es la unidad del conjunto de normas jurídicas, la ciencia jurídica, de la filosofía jurídica y de la argumentación jurídica. Verlos de forma separada reitero, sirve para su estudio, pero no para su operatividad. Por ello sostengo que en la aplicación del derecho es importante observar todos los elementos que lo integran. La moral desde mi perspectiva no es derecho, pues cuando existe un elemento moral que se incorpora al sistema jurídico, dicha incorporación hace que el elemento deje de ser moral para convertirse en jurídico.

Como se ha podido observar, algunas corrientes de pensamiento jurídico separan a las normas jurídicas de otros elementos, otras corrientes incluyen incluso a la moral dentro del derecho sin embargo la forma que considero más idónea de observar al derecho es la propuesta.

---

18 Cfr. TAMAYO Y SALMORÁN, Rolando, Ciencia *del Derecho y Enunciados. Derecho y Normas, un enfoque de análisis conceptual y epistemología crítica,* tirant lo Blanch, México, 2021, pág. 40

Otro concepto que se encuentra ligado al concepto de derecho es el concepto de justicia. Pero al igual que resulta sumamente complejo tratar de definir al derecho, de igual forma resulta sumamente complejo definir a la justicia. Existen un sinnúmero de conceptos de justicia sin embargo autores renombrados como el propio Kelsen señala que la justicia no se puede conceptualizar.

Por la importancia del término en el estudio del derecho es necesario hacer un análisis del mismo. En el presente apartado se realizará un análisis del concepto de justicia propuesto por Hans Kelsen.

b) Concepto de justicia

Concepto de justicia según Hans Kelsen

Para entender el presente tema de mejor manera es necesario formular la siguiente pregunta:

¿Qué es la justicia?, Hans Kelsen, para dar respuesta a dicha pregunta refiere los elementos siguientes:

> "La justicia es ante todo, una característica posible pero no necesaria de un orden social. Sólo secundariamente, una virtud del hombre; pues un hombre es justo cuando su conducta concuerda con un orden que es considerado justo. Pero, ¿cuándo un orden es justo? Cuando regula la conducta de los hombres de una manera tal que a todos satisface y a todos permite alcanzar la felicidad. La aspiración de justicia es la eterna aspiración del hombre a la felicidad; al no poder encontrarla como individuo aislado, busca el hombre esta felicidad en la sociedad. La justicia es la felicidad social, es la felicidad que el orden social garantiza."[19]

Kelsen al señalar que la justicia es posible pero no necesaria en un orden social, pone en evidencia que existen órdenes sociales que no necesariamente son justos. Dicha referencia va relacionada a lo señalado en cuanto a que el contenido del derecho se lo da la sociedad. Por lo tanto, al centrarse el proceso de creación

---

[19] KELSEN, Hans, *¿Qué es la justicia?*, Fontamara, México, 2017, p. 9 y 10.

de la norma en los pasos a seguir para que la misma sea válida, existe el riesgo que se deje de observar el aspecto de justicia. Pero aún no se responde lo qué es justicia, para ello se continúa con el siguiente análisis.

También formula la pregunta ¿cuándo un orden es justo? Dando como respuesta que el orden es justo cuando regula la conducta de una manera que a todos satisface y a todos permite alcanzar la felicidad. Se puede decir que desde la perspectiva que se señala, al hablar de absolutos se pierde un tanto el enfoque de la definición de justicia, pues es prácticamente imposible que un orden jurídico satisfaga a todas las personas que integran a una sociedad. Para ello recordemos el ejemplo del límite de velocidad al conducir un vehículo que se ponía con anterioridad. Es verdad que una de las razones primarias de que exista un orden social, es la búsqueda de un bien común que se va a reflejar en una felicidad de los miembros de dicha sociedad. Señala Kelsen que la justicia es felicidad social, dicha felicidad social responde al orden que garantiza. El orden jurídico se establece para crear normas jurídicas que permitan a las sociedades tener certeza jurídica que se va a traducir en felicidad. La felicidad entendida como un elemento que se puede demostrar y no como un elemento abstracto y subjetivo. Entonces en esa fórmula jurídica se puede establecer que existe felicidad social cuando existe certeza jurídica. Si alguien comete un delito y recibe la pena correspondiente y proporcional al delito que cometió la sociedad obtiene felicidad, entendida como la seguridad jurídica que su sistema jurídico le proporciona. Es así como el concepto de felicidad deja de ser abstracto y subjetivo para convertirse en algo demostrable en el lenguaje del derecho.

Propuesta de concepto de justicia

El concepto que propongo de justicia es el siguiente: La justicia es el cumplimiento de la norma jurídica que cuenta con todos los requisitos de aplicación establecidos por el Estado, aparejado a la finalidad de la creación de la misma.

El concepto anterior lo propongo por las siguientes razones. La norma jurídica como se explicó anteriormente busca por lo general un bien común. Es cierto que existen normas que se pudieran despegar de buscar dicho bien, sin embargo, el propio sistema normativo combate a dichas normas para dejarlas sin efecto por ir en contra del sentido del propio sistema jurídico. Por tal razón cuando la norma jurídica es válida, vigente y aplicable, al momento de que se creó buscaba una finalidad, que regularmente es resolver o regular una problemática social detectada. Entonces dicha finalidad es esa, regular o resolver. Cuando se aplica la norma jurídica aparejada a la finalidad por la cual fue creada hablamos de justicia. La fórmula para demostrar lo anteriormente señalado sería la siguiente: La norma jurídica se crea para regular una conducta que pudiera dañar al grupo social. Cuando la norma jurídica se cumple, se evita que se dañe a ese grupo social, esa acción es justicia.

Un ejemplo de lo anteriormente señalado es el siguiente:

La norma penal que establece que: Al que prive de la vida a otro, se le impondrán de ocho a veinte años de prisión. En el supuesto de que alguien asesine a otro y no se le imponga dicha sanción establecida, se podría considerar injusto. Pero dicho pensamiento de injusticia no surge de un valor moral, surge de la existencia de una norma jurídica cuya finalidad es evitar que los sujetos integrantes de una sociedad se maten entre ellos. Entonces si alguien asesina a otro y se le imponen veinte años de prisión se podría considerar justo, pero nuevamente se observa que el pensamiento de justicia no surge de un valor moral, surge de la concepción de que preexiste una norma jurídica que se establece para evitar que los miembros de una sociedad se asesinen. Es importante aclarar que en el ejemplo citado no se están tomando en consideración las agravantes o atenuantes del mismo, pues ahí la situación jurídica cambia. También dichas agravantes o atenuantes son contemplados por la norma jurídica y también su cumplimiento o incumplimiento dará el mismo resultado de percepción de justicia o injusticia. Entonces se puede decir que justicia es el cumplimiento de la norma jurídica aparejado a la finalidad de la creación de la misma. Dicho concepto deja de ser subjetivo y abstracto para pasar a ser comprobable y demostrable a través del método jurídico aplicable.

Capítulo II
Derecho positivo

1. PANORAMA GENERAL

a) Objetivo particular del capítulo

Como se señaló en el capítulo anterior, existen diversas corrientes filosóficas del derecho, es por ello por lo que el operador jurídico debe conocer los elementos de las mismas para poder realizar la función determinada en su ejercicio profesional.

En el presente capítulo se analizarán algunas de las principales funciones del positivismo jurídico para que al final del mismo se establezca un panorama general de la inferencia de dicha corriente en el derecho. Se estudiarán algunas de las principales teorías positivistas, así como a algunos de sus principales exponentes y algunas de las principales directrices.

2. POSITIVISMO JURÍDICO

a) La teoría del derecho

Aspectos generales de la teoría del derecho

La teoría del derecho es de suma relevancia, pues ella establece los cimientos teóricos para establecer métodos de estudio del derecho. Para poder adentrarse en ella se debe puntualizar lo que se entenderá por teoría y así, se encuentra que Karl Popper establece que una teoría es: "una red destinada a capturar lo que llamamos el mundo, a volverlo racional, explicarlo y dominarlo; de ahí que una teoría no se pueda limitar solamente a describir fenómenos".[20] En ese mismo concepto se resalta que una teoría no se queda únicamente en el ámbito descriptivo, va mucho más allá de esa actividad, se adentra al análisis medular del objeto de estudio para que de esa forma se dé respuesta a la problemática planteada, o bien se describa el objeto analizado de una forma sustentada y comprobable.

En ese contexto se observa que: "Un tipo (o tópico) de teoría del derecho involucra una explicación metafísica (ontológica) del derecho y los conceptos jurídicos. Los realistas jurídicos escandinavos, en particular, se centraron en este punto, aunque diversos aspectos de tales cuestiones pueden ser encontrados en un amplio rango de otros teóricos".[21] Con esta visión se comienza a establecer un aspecto de la teoría del derecho.

> Los realistas escandinavos, construyendo puntos de vista paralelos (aunque no equivalentes) al positivismo lógico, eran escépticos con respecto a entidades que no pudiesen ser entendidas en términos de datos observables, empíricos. Si se rechaza el cuestionamiento metafísico/ontológico de los realistas escandinavos, aún tiene que enfrentarse a cuestiones concernientes al status metafísico de los conceptos y proposiciones utilizadas en la práctica jurídica.[22]

Como se aprecia en la cita anterior se menciona a los realistas escandinavos, es importante señalar que la escuela del realismo jurídico escandinavo fue una de las principales escuelas encargadas de dar estructura a la teoría del derecho, misma que se abordará más adelante. Siguiendo la misma línea de análisis, se advierte que la teoría del derecho o también denominada Teoría General del Derecho es abordada desde diversos aspectos y constituye una serie de criterios que en ocasiones resultan ser un tanto controversiales para la doctrina jurídica, sin embargo, a pesar de

---

20 OST, Francois y Michelle Van de Kerchove, *Elementos para una teoría crítica del derecho,* Colombia, UNIANDES, 2001, p. 23.

21 BIX, Brian, "Teoría del derecho: tipos y propósitos", *Isonomía,* México, 2006, núm. 25, p. 63. http://www.redalyc.org/pdf/3636/363635647004.pdf, [Consulta: 09 de noviembre, 2021].

22 *Ibidem,* pp. 63 y 64.

dichas controversias se mantiene presente el objetivo de crear un método que sea propio del derecho.

> En un extremo, ya discutido, es la posición metafísicamente escéptica la que demanda que los conceptos jurídicos sean reducidos a términos empíricos, observables. Un tipo diferente de concepción escéptica argumentaría en pos de reducir los conceptos jurídicos a descripciones y predicciones de las acciones oficiales. Esta perspectiva, a veces descrita como una teoría del derecho predictiva, tiene algunos atractivos iniciales, pero también conocidas debilidades.[23]

Los primeros intentos de separar determinados elementos para la conformación de una teoría se comienzan a observar en lo anteriormente citado. Para poder entender el surgimiento de la Teoría del Derecho es necesario apuntar que diversos teóricos del derecho entre el siglo XVIII y XIX que: "influidos (sic) por la ideología positivista y deslumbrados por los progresos de la ciencia natural, sostuvieron que la Filosofía del Derecho debía ser reemplazada por una disciplina de tipo científico, cuyos métodos coincidieran con los de la investigación naturalista"[24]. De esa forma se comienza a estructurar la idea de que el derecho no se relacionaba con disciplinas filosóficas y debía basarse en métodos comprobables, demostrables y un método científico basado en la serie de pasos sistematizados que pudiesen arrojar un resultado demostrable para poder ser reconocido por la comunidad científica que en esos siglos era fundamentada en el positivismo.

Unos de los precursores de la teoría abordada han sido los doctrinarios alemanes de entre los cuales es pertinente destacar a Bergbohm, Merkel y Bierling, mismos que fijaron la ruta de una teoría, entonces iba a ser concebida de la siguiente manera: La "Teoría General del Derecho, concebida como conjunto de generalizaciones relativas a los fenómenos jurídicos. Toda conside-

---

23 *Ibidem,* p.64.

24 *Cfr.* GARCÍA MÁYNEZ, Eduardo, *Introducción al estudio del derecho,* 59a. ed., México, Porrúa, 2006, p. 120.

ración de índole filosófica y, sobre todo, de carácter metafísico, debe ser repudiada por la ciencia del derecho".[25] La razón de la siguiente consideración es porque se pretende eliminar elementos abstractos que no puedan ser demostrados mediante un método propiamente científico.

Siguiendo la secuencia de ideas es importante señalar que la teoría del derecho de John Austin destaca entre otras cosas lo siguiente:

> Los rasgos característicos del derecho. Primeramente, concibe el derecho como un orden o sistema de normas y, en concordancia con ello, proporciona criterios de determinación o identidad, existencia y funcionamiento del orden jurídico. Asimismo, Austin muestra el carácter institucional del derecho: se crea y se aplica por instituciones (i.e. órganos); su carácter coactivo: hace uso de sanciones; y su carácter normativo: prescribe conductas (ordenándolas o prohibiéndolas). Todo dentro de la más impresionante economía de conceptos, con rigurosa coherencia y la mayor consistencia.[26]

En ese contexto se entiende que, para la teoría del derecho, la norma no debe mezclarse con elementos como la filosofía ni la metafísica pues en caso de hacerlo se podría perder la pertenencia a un sistema de normas jurídicas, de carácter institucional, de carácter coactivo, aplicadas por órganos de gobierno, pues al estructurarse el sistema jurídico de tal forma, tiene mayor forma de comprobabilidad. Los sistemas jurídicos se basan en normas jurídicas que a su vez han sido creadas por un proceso preestablecido por las autoridades competentes de un grupo social. Dicho proceso se basa en métodos y los mismos sí pueden comprobarse.

Una idea que permeó como eje rector de la teoría en análisis fue con relación a establecer la definición de lo jurídico, pues concebía, entre otros aspectos, que:

---

25 *Idem.*

26 *Cfr.* TAMAYO Y SALMORÁN, Rolando, *Introducción analítica al estudio del derecho,* 2a. ed., México, Themis, 2011, p. 67.

> Había que poner en práctica los procedimientos de que se sirven, por ejemplo, el astrónomo y el físico. Su método, estrictamente experimental, llámase inducción, y es una forma de inferencia que consiste en pasar del análisis de una serie de hechos o casos, al establecimiento de un principio general que expresa sus atributos comunes y puede aplicarse también a los hechos semejantes no investigados.[27]

Es por ello y al tratar de utilizar lenguaje de las ciencias naturales y ciencias exactas, dentro del derecho se encuentran palabras como órgano, sistema, método, cuerpo, elemento, etc.

La teoría del derecho en sus inicios tenía como pretensión establecer una metodología comprobable similar a la de las ciencias exactas utilizando las herramientas que pudieran ser empleadas propiamente en la construcción de la teoría en análisis.

Principales directrices de la teoría del derecho

La intención de establecer un criterio que pudiera ayudar a resolver las problemáticas jurídicas que presentaba la sociedad de forma científica, dio como origen que se buscaran mayores alternativas y vertientes para enriquecer la teoría del derecho es por esa razón que se fijaron posturas como la siguiente:

> ...Teoría General del Derecho en Alemania, como su correspondiente, el de la Escuela Analítica de Jurisprudencia en Inglaterra, se propusieron la construcción de un sistema de los conceptos primeros de la ciencia jurídica que acabase con la anarquía de la producción científica en las ramas particulares. Es interesante recoger la formulación que dio Stuart Mill de esta pretensión, en relación con la Escuela Analítica inglesa.[28]

De lo citado anteriormente, se puede desprender que con dichos elementos se pretende establecer un terreno uniforme que permita sembrar las semillas de la Teoría del Derecho. Mediante un análisis de diversos sistemas jurídicos, se observó que sí variaban

---

27 *Cfr.* GARCÍA MÁYNEZ, Eduardo, *op. cit.*, nota 24, p. 121.

28 *Idem.*

en cuanto a los contenidos de sus sistemas normativos, pero no variaban en lo esencial, siendo la base de todo ordenamiento legal de un Estado, contar con un sistema de creación de normas, que una vez creadas dichas normas fueran de carácter coactivo, emitidas y aplicadas por los órganos de Estado y por ende, al contar con un método de creación y aplicación debidamente establecido, se podía dejar fuera de dichos ordenamientos normativos a la filosofía y a la metafísica, así como a otros elementos que pudieran considerarse abstractos, subjetivos y de falta de comprobación.

La teoría del derecho y la filosofía del derecho

Es importante señalar que la Teoría del derecho o también llamada Teoría general del derecho tiene como una de sus ocupaciones lo que a continuación se señala:

> ...distintos materiales normativos (diferentes tipos de reglas, principios, valores, directrices, definiciones, etcétera), de los problemas de ordenamiento jurídico (por ejemplo, las lagunas y las antinomias) y del análisis de los conceptos jurídicos fundamentales, que son aquellos comunes a los diversos sistemas jurídicos o a las diversas ramas del derecho (derecho, no derecho, deber, responsabilidad, inmunidad etcétera).[29]

Se precisa brevemente que las denominadas lagunas jurídicas son los supuestos no contemplados por la ley, aunque algunos autores señalan que dichas lagunas entendidas como tal no existen pues pueden ser atendidas por los principios generales del derecho o bien por la jurisprudencia. Las antinomias surgen cuando se da la confrontación de que una norma prohíbe algo y otra lo permite.

Una vez aclarado lo anterior, se puede decir que la teoría del derecho precisa los métodos específicos y los conceptos estructurales que se deben conocer en cualquier sistema jurídico que se pretenda analizar. Es así como la teoría del derecho fundamenta

---

[29] CÁRDENAS GRACIA, Jaime, *Introducción al estudio del derecho,* México, Instituto de Investigaciones Jurídicas-Nostra, 2009, p. 59.

toda consideración que tenga como objeto de estudio al derecho, a un sistema jurídico o a una institución jurídica específica.

Por otro lado, se puede observar que la filosofía del Derecho realiza funciones determinadas, para ello resulta oportuno abordar lo siguiente:

La filosofía del derecho:

> Analiza el derecho desde el nivel más alto de abstracción en sus elementos ontológicos (lo qué es el derecho, sus límites, si es posible hacer una pregunta así), epistemológicos (el conocimiento del derecho, metodológicos, las maneras de comprenderlo y estudiarlo) axiológicos (los valores que justifican y orientan al derecho) y funciones del derecho: por ejemplo, de control y de cambio, etcétera. Desde el método, las filosofías del derecho pretenden dar una visión totalizadora del fenómeno jurídico. En cuanto a su función, ésta es esencialmente crítica, de evaluación y de análisis sobre la legitimidad o justificación del derecho, pero también de supervisión del uso de conceptos y métodos, y de orientación práctica siempre desde una visión externa al derecho.[30]

Como se puede observar, la filosofía del derecho es el nivel más alto de análisis de los elementos que componen al derecho y a los sistemas jurídicos. Observa los fines del mismo, así como a los elementos que se le atribuyen valores.

Mientras la teoría del Derecho crea los cimientos teóricos del universo jurídico, la filosofía del Derecho analiza dichos cimientos y las diversas formas en que operan y se materializan en el mundo fáctico del derecho entendido el mismo como un lenguaje. La teoría del derecho crea dicho lenguaje y lo va enriqueciendo a través de la filosofía del derecho.

La teoría del derecho y la ciencia del derecho.

Es fundamental resaltar que para la teoría del derecho es importante analizar los objetos de estudio de forma separada. Es por

---

30 *Idem.*

ello que se pretende analizar a la ciencia jurídica y a la filosofía jurídica de maneras separadas.

En ese mismo contexto se observa que:

> ...la ciencia del derecho que recibe diversos nombres: *Jurisprudencia, Dogmática, jurisprudencia dogmática y técnica, o Sistemática técnica jurídica*. Su objeto de estudio es un ordenamiento jurídico en un lugar y en una época determinada. *Hay tantas ciencias como derechos u ordenamientos ha habido, hay y habrá.31*

La ciencia del Derecho se centra en un estudio de determinados elementos jurídicos en un tiempo y lugar determinado atendiendo a las necesidades propias de la sociedad que instrumenta dichos elementos jurídicos. También como se aprecia, a la ciencia del derecho se le conoce como jurisprudencia entre los términos mencionados, lo anterior hace más evidente que el derecho se construye a través de un lenguaje específico y propio apoyándose en la ciencia jurídica o también llamada ciencia del derecho.

Es oportuno señalar con relación al objeto de estudio de la ciencia del derecho lo siguiente:

> Su objeto de estudio es un sistema o subsistema jurídico vigente —normativo— de carácter racional. Su método consiste en un análisis de punto de vista interno o normativo desde el que opera: los enunciados dogmáticos se emiten desde la perspectiva del aceptante —del jurista u operador jurídico—, esto es, de alguien que considera a las normas como guía de conducta y criterio de justificación y de crítica. En cuanto a su función, la dogmática suministra criterios para la aplicación de las normas vigentes y para la estabilización y cambio del sistema jurídico.[32]

Es así como se intentó establecer un modelo base que partiera de lo particular a lo general. A todos esos métodos, sistemas y

---

31 RODRÍGUEZ MANZANERA, Carlos, *Introducción al Estudio del Derecho,* México, Facultad de Derecho-Porrúa, 2017, pág. 42.

32 CÁRDENAS GRACIA, Jaime, *Introducción al estudio del derecho,* México, Instituto de Investigaciones Jurídicas-Nostra, 2009, p. 58.

procesos de estudio es a lo que se le ha llamado Teoría General del Derecho.

Formas de aproximación a la explicación sobre la validez del derecho

Tomando como base que los hechos que conoce la ley no son idénticos, pero tampoco son tan distintos entre ellos en las sociedades que cuentan con sistemas jurídicos establecidos y en esa línea de pensamiento se determinó que dichos hechos son lo suficientemente análogos para establecer una homología entre ellos y en los sistemas jurídicos a los cuales pertenecen dando la posibilidad de establecer una serie de estándares similares que fueran un principio de ordenación que permite cimentar un sistema jurídico de una forma que pretende hacerlo entendible para su aplicación y funcionamiento basado en el sistema de normas establecidas para gobernar los diferentes grupos sociales del Estado al cual pertenecen.

En una definición de derecho propuesta por Austin, refiere que el derecho es: "...la totalidad de las órdenes de un soberano respaldadas por las sanciones".[33]

En dicha definición se contienen los elementos de órdenes o imposiciones, soberano o gobernante y sanción o castigo.

La validez jurídica se encuentra estrechamente ligada con los elementos de imposición, Estado y Sanción. Es decir, el Estado emite órdenes que se reflejan en normas, mismas que contienen la descripción de una conducta que debe ser, y en caso de que no se acate o cumpla, por parte del Estado se impondrá el castigo previsto en la norma jurídica por haber trasgredido a la misma.

Es así como se observa que la validez jurídica se da: "cuando una norma es dictada por el órgano de autoridad competente,

---

33 ALEXY, Robert, *El concepto y la validez del derecho,* España, Gedisa, 2004, p.25.

cumpliendo el procedimiento establecido para la expedición de dicha norma sin transgredir un derecho de rango superior".[34] Cumpliendo con los lineamientos de creación, la norma obtiene validez jurídica. Para relacionar la validez jurídica con las corrientes filosóficas y entender de forma más clara el presente apartado, es importante abordar al positivismo jurídico en sus aspectos generales.

b) El positivismo jurídico

Aspectos generales del positivismo jurídico

Diversas son las teorías que pretenden describir lo que es el positivismo jurídico, esta corriente tiene su origen entre el siglo XVIII y el siglo XIX con la idea de compilar las leyes en códigos misma que había tenido un mayor auge con la revolución francesa.[35] Una de sus principales precursoras fue la escuela exegética francesa. Con la idea de un modernismo, se inicia "la pretensión nueva de reducir al Derecho a un conjunto sistemático y cerrado de normas positivas y la exclusión en él de toda referencia al valor material de la justicia que únicamente al legislador y no al aplicador del Derecho, correspondía atender".[36]

Norberto Bobbio dice que se puede entender al positivismo jurídico como: "aquella concepción particular del derecho que vincula el fenómeno jurídico a la formación de un poder soberano capaz de ejercitar la coacción: el Estado".[37]

En dicha concepción se aprecia que Bobbio resalta los elementos de un poder soberano, la coacción y el Estado.

---

34 *Cfr. Ibidem*, p. 89.

35 *Cfr.* BELADIEZ ROJO, Margarita, *Los principios jurídicos,* 2ª. ed., España, Tecnos, 1997, pp. 94 y 95.

36 *Idem.*

37 BOBBIO, Norberto, *El problema del positivismo jurídico,* México, Fontamara, 1991, p. 43.

Es así como se observa la pertenencia de dichos elementos en el positivismo esquematizado de la siguiente manera:

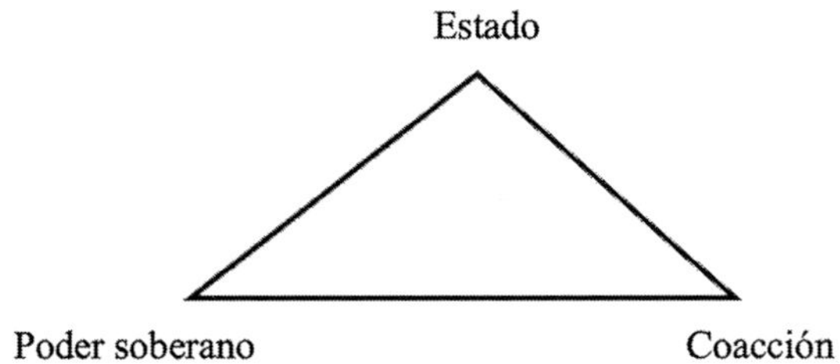

Figura 1. Elaboración propia.

Otra concepción que inserta mayores elementos al positivismo jurídico es aquella que concibe al derecho como: "un conjunto de normas puestas (e *impuestas*) por seres humanos, y en que señalan como tarea, a la ciencia del mismo, estudiar y, a la práctica, aplicar e imponer el derecho así concebido".[38]

En la definición anterior se puede apreciar que se concibe al derecho como un conjunto de normas puestas e impuestas. Pero ¿quién pone esas normas? Las pone e impone el Estado y partiendo de que el derecho es un conjunto de normas establecidas por el Estado, uno de los objetos de estudio son los procesos de creación establecidos.

Es así que, para la teoría positivista, el derecho es un conjunto de normas jurídicas de cumplimiento obligatorio establecidas por el Estado en el ejercicio del poder soberano que es esquematizado de la siguiente manera:

---

38 GARCÍA MÁYNEZ, Eduardo, *Positivismo jurídico, realismo sociológico y iusnaturalismo,* México, Fontamara, 1993, p. 58.

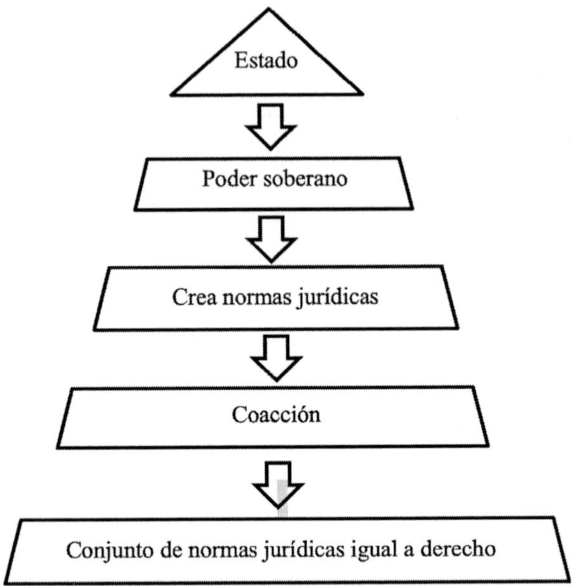

Figura 2. Elaboración propia.

Siguiendo el contexto del presente análisis es prudente señalar la siguiente definición:

> El derecho positivo tiene un origen histórico-social que infiere un sistema de normas jurídicas públicamente reconocidas y efectivamente aplicadas y observadas, requiriendo en su apoyo, un procedimiento apropiado y una instancia de fuerza competente que le brinde independencia e imperio, asegurando para la sociedad el cumplimiento del derecho por medios coercitivos.[39]

Resaltando algunos elementos de la cita anterior, se menciona que el derecho positivo tiene un origen histórico social, es decir, va relacionado directamente con la convivencia de los grupos sociales. Señala la inferencia de un sistema de normas públicas y efectivamente aplicadas, es decir, habla de un deber ser; aplicar de manera efectiva el sistema de normas, atendiendo a los fines

---

39 MORALES HERNÁNDEZ, Manuel, *Principios generales de derecho*, México, Porrúa, 2009, pp. 84 y 85.

de los grupos sociales destinadas a gobernar. Los gobernados se someterán a dicho sistema de normas de manera voluntaria o forzosa y el aspecto de justicia va aparejado con el cumplimiento de la norma jurídica.

Principales postulados del positivismo jurídico

Teoría de Norberto Bobbio

Diversos son los autores que pretenden explicar al positivismo jurídico, uno de los más relevantes es Norberto Bobbio mismo que distingue tres formas para analizar al positivismo jurídico: como primer aspecto observa al positivismo jurídico como un modo de acercarse al estudio del derecho; también lo distingue como una determinada teoría o concepción del derecho y como tercer punto lo distingue como una determinada ideología de justicia.[40] En estos tres elementos Bobbio señala características del positivismo jurídico y se observa lo siguiente:

> Establece Bobbio que el positivismo jurídico como acercamiento al estudio del derecho asume frente al derecho una actitud a-valorativa u objetiva o ética neutral; es decir, que acepta como criterio para distinguir una regla jurídica de una no jurídica la derivación de hechos verificables (v.gr.: que emane de ciertos órganos mediante cierto procedimiento, o que sea efectivamente obedecida durante un lapso determinado por cierto grupo de personas) y no la mayor o menor correspondencia con cierto sistema de valores. La mentalidad que el positivismo jurídico rechaza es la de quien incluye en la definición del derecho elementos finalistas; por ejemplo: la obtención del bien común, la actuación de la justicia, la protección de los derechos de la libertad, la promoción del bienestar, y que debido a esta inclusión está luego obligado —si quiere ser coherente (pero afortunadamente a menudo los antipositivistas no lo son)— a rechazar como no jurídicas aquellas normas que no obstante de emanar de los órganos competentes, de acuerdo con los procedimientos establecidos, no sirven para

---

40 *Cfr.* BOBBIO, Norberto, *op. cit.*, nota 37, *pp.* 39 y 40.

> obtener el bien común, para actuar la justicia, para garantizar la libertad, para promover el bienestar.[41]

En lo anteriormente citado, se presenta al positivismo jurídico como medio de acercamiento al estudio del derecho, resaltando que no se debe mezclar con elementos como el bien común, la justicia, el bienestar social, entre otros pues de hacerse se podría caer en una abstracción. Se destaca que el derecho es creado por los órganos de gobierno competentes, independientemente que contenga o no los elementos antes señalados y su objeto de estudio es el cumplimiento de formalismos establecidos para la creación de normas.

En la distinción que hace Bobbio del positivismo jurídico como teoría, señala que contiene en sí misma otras teorías y que frecuentemente son consideradas como características del mismo señalando lo siguiente:

> 1) con respecto a la definición del derecho, la teoría de la coactividad, según la cual se entiende por derecho un sistema de normas que se aplican por la fuerza, o bien, de normas cuyo contenido es la reglamentación del uso de la fuerza en un grupo social dado; 2) con respecto a la definición de norma jurídica, la teoría imperativa, según la cual las normas jurídicas son mandatos, con todo un cortejo de subdistinciones (mandatos autónomos o heterónomos, personales o impersonales, categóricos o hipotéticos, éticos o técnicos, abstractos o concretos, generales o individuales); 3) con respecto a las fuentes del derecho, la supremacía de la ley sobre otras fuentes y la reducción del derecho consuetudinario, del derecho científico, del derecho judicial, del derecho que deriva de la naturaleza de las cosas, al carácter de fuentes subordinadas o aparentes; 4) con respecto al orden jurídico en su conjunto, la consideración del complejo de las normas como sistema al que se atribuye el carácter de plenitud o de ausencia de lagunas y, subordinadamente, también de coherencia o falta de antinomias; 5) con respecto al método de la ciencia jurídica y de la interpretación, la consideración de la actividad del jurista o del juez como actividad esencialmente lógica, en particular, la consideración de la ciencia

---

41 *Ibidem*, p. 42.

> jurídica como mera hermenéutica (escuela francesa de la exégesis) o como dogmática (escuela pandectista alemana).[42]

Como se puede apreciar, en lo anteriormente señalado, se encuentra la esencia del positivismo jurídico. Bobbio retrata de una manera muy completa cada uno de los elementos medulares de la teoría del positivismo y la función que tienen.

Los elementos señalados se pueden esquematizar de la siguiente forma:

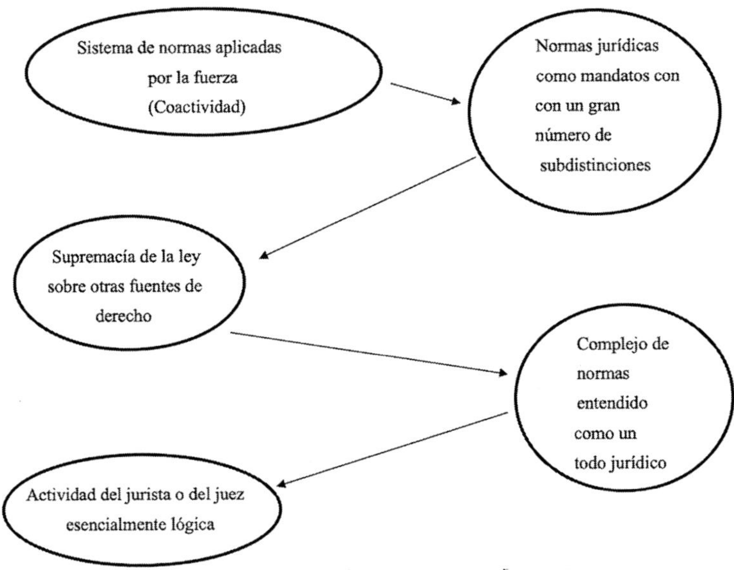

Figura 3. Elaboración propia.

En la tercera distinción que realiza Bobbio sobre el positivismo jurídico, se encuentra que también lo clasifica como ideología y refiere lo siguiente:

> 1) el derecho positivo, por el solo hecho de ser positivo, esto es, de ser la emanación de una voluntad dominante, es justo; o sea, el criterio para juzgar la justicia o injusticia de las leyes coincide

42 BOBBIO, Norberto, *op. cit.*, nota 37, p. 45.

> perfectamente con el que se adopta para juzgar la validez o invalidez; 2) el derecho, como conjunto de reglas impuestas por el poder que ejerce el monopolio de la fuerza de una determinada sociedad, sirve con su misma existencia, independientemente del valor moral de sus reglas, para la obtención de sus fines deseables, tales como el orden, la paz, la certeza y, en general, la justicia legal. De ambas posiciones se deduce la consecuencia de que las normas jurídicas deben ser obedecidas por sí mismas, en cuanto tales; con otras palabras, la obediencia a las normas jurídicas, es un deber moral, entendiéndose por deber moral una obligación interna o de conciencia; en otros términos, la obligación debida *por respeto* a las leyes, en contraposición a aquella obligación externa *por temor* a la sanción.[43]

En la clasificación anterior se puede observar, una vez más, que se continúa el sentido del positivismo jurídico como dogma. Como ideología nos establece que, si la norma cumple los requisitos para ser puesta en el primer sentido, como manifestación de la voluntad de la mayoría dominante, es justo.

Como segundo sentido, una vez puesta la norma debe ser obedecida por respeto a la misma o en su otro aspecto, por miedo a la sanción que se pueda imponer por no cumplir con lo puesto.

Lo anteriormente señalado se puede esquematizar de la siguiente forma:

Figura 4. Elaboración propia.

---

[43] *Ibidem*, p. 47.

Es así como se realiza un breve análisis de los aspectos más relevantes de la concepción del positivismo jurídico que establece Norberto Bobbio. Sin embargo, como se ha señalado, Bobbio, aunque es uno de los principales exponentes de la corriente jurídica abordada, no es el único que analizaremos en el presente trabajo.

Teoría de Augusto Comte

La corriente positivista ha tenido desde su surgimiento un sinnúmero de exponentes; sin embargo, en el presente trabajo se analizan teorías de Norberto Bobbio, Augusto Comte y Hans Kelsen en ese mismo orden.

Ya se ha analizado anteriormente la teoría de Norberto Bobbio a continuación, se analizará la teoría de Augusto Comte, quien es considerado el creador del positivismo. Comte realiza la distinción del positivismo en tres estadios teoréticos dentro de la evolución humana. Manejaba que hay un primer estadio teológico, donde, las situaciones que ocurrían eran atribuidas a la voluntad de seres divinos o entes supremos. El segundo rubro que nos señala es el que él denomina como estadio metafísico, mismo que describe como ideales que van más allá de la superficie de las cosas y que intervienen directamente en la evolución de la humanidad. Es así como se analiza al tercer rubro que él lo denomina como estadio positivo; en el cual rechaza todas las construcciones de carácter hipotético en filosofía, historia y ciencia, limitándose únicamente a la observación de manera empírica a través de los métodos utilizados por las ciencias naturales.[44]

Para Comte, en el estadio teológico, existe la creencia de que muchos gobernantes ocupaban el cargo por elección divina y por ser una designación omnipotente era incuestionable y se debería acatar pues era un dogma sagrado al igual que las normas

---

44 *Cfr.* COMTE, August, *Cours de philosophie positive,* trad. resumida de Martineau, vol. I, 2008, p. 2.

emitidas por el poder gobernante, pues de igual forma estaban dictadas por una divinidad a través de los encargados de ejercer el poder.

En el segundo estadio, el metafísico, se tratan de explicar los diferentes fenómenos sociales a través de la filosofía abstracta, es decir, utilizando los elementos filosóficos que propongan dar respuesta a los acontecimientos sociales tendientes a ser regulados.

En el tercer estadio, el científico o positivo, se pretende utilizar el método empírico de observación y de experimentación de los fenómenos sociales a fin de que a través de la puesta en práctica de estrategias definidas por la observación se pudieran regular los acontecimientos que lo requirieran.

Lo anteriormente expuesto se esquematiza de la siguiente forma:

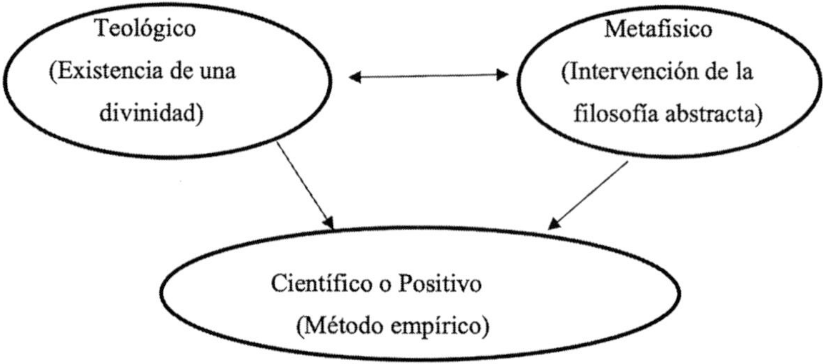

Figura 5. Elaboración propia.

En una comparación de las corrientes de Norberto Bobbio y de Augusto Comte, se aprecia que la de Comte introduce elementos como los teológicos, filosóficos y científicos; éste último basado en el método empírico. Bobbio se enfoca más a destacar los elementos de acercamiento al estudio del derecho, como teoría e ideología, es decir, se observa que Bobbio deja de lado los elementos divinos, filosóficos, entre otros para enfocarse más en las facultades de los órganos de gobierno y en la voluntad dominante que, nos señala, es la que pone las normas que van a regular y a dirigir la conducta de los integrantes de determinado grupo social mediante el cumplimiento voluntario, o en su caso, forzoso.

Teoría de Hans Kelsen

Por otro lado, Hans Kelsen presenta una teoría denominada la Teoría Pura del Derecho, misma que señala que la corriente positivista establece que: "el derecho no constituye sino un medio específico, un aparato coactivo que, en sí mismo considerado, carece de todo valor ético o político, porque su valor depende del fin trascendente al derecho".[45]

Con esta postura, Kelsen deja de lado de inicio los valores éticos y políticos del medio específico que él denomina derecho.

La Teoría Pura del Derecho destaca e inserta al positivismo jurídico los siguientes elementos:

La separación del derecho y la moral.

El derecho no expresa nada acerca de los motivos que pueden fundamentar una obligación moral de obediencia al sistema jurídico.

a) El derecho es producto de los órganos del Estado, sobre todo los legislativos.

b) Una norma es jurídica si se apoya en la sanción.

c) El derecho es un sistema de reglas jurídicas.

d) Las reglas jurídicas se interpretan acudiendo al silogismo, la subsunción o los métodos tradicionales como el gramatical, el exegético, el sistemático o el funcional.

e) No se concibe la existencia de principios.

f) Existe discrecionalidad en la interpretación de las reglas o de plano impera el subjetivismo.

---

45 KELSEN, Hans, *Teoría Pura del Derecho*, trad. de Roberto Vernengo, México, Porrúa México, 1982.

g) No se elabora una teoría de la argumentación consistente.

h) Las teorías interpretativas oscilan entre ver al juez como desentrañador de significados de reglas o atribuidor de los mismos.

i) No se desarrolla una concepción hermenéutica, contextual o interpretativa sobre el derecho.[46]

Con la Teoría Pura del Derecho de Hans Kelsen se realiza una separación de los elementos anteriormente señalados de la norma para dar paso a una sistematización centrada en los procesos de creación, es decir, el Estado como ente supremo y los organismos del mismo encargados de la creación de las normas siguiendo el proceso establecido para la creación de la misma, dan cumplimiento al sentido del derecho. Con la Teoría Pura del Derecho, el papel del juez se transforma a ser el de un interpretador de la norma, cuadrando el ser al deber ser establecido en la norma jurídica preestablecida.

> Si se considera el Derecho Positivo como un ordenamiento normativo en relación a la realidad del acontecer natural, que debe estar de acuerdo con el Derecho positivo, según éste pretende (aun cuando de hecho no siempre sea así), puede recibir el nombre de "ideología". Pero si se le considera en su relación con un orden "superior" que tiene la pretensión de que el Derecho positivo esté de acuerdo con él, por ejemplo, en relación con el Derecho natural o un ideal de justicia, entonces el Derecho positivo representa el derecho "real", el Derecho existente, y el Derecho natural o la justicia son la ideología. La teoría jurídica pura asegura su tendencia antiideológica al aislar el estudio del Derecho de toda relación con la ideología iusnaturalista en torno a la justicia. Para ella, está fuera de discusión la posibilidad de la validez de un orden superior al Derecho positivo.[47]

---

46 CÁRDENAS GRACIA, Jaime, *La argumentación como derecho,* México, UNAM, 2010, p. 51.

47 KELSEN, Hans, *Teoría Pura del Derecho,* trad. de Roberto Vernengo, México, Porrúa México, 1982, p. 121.

Kelsen establece que si la realidad natural se encuentra sobre los rieles del derecho positivo (norma jurídica establecida), se le puede denominar a la misma como ideología, por ejemplo: si la norma establece que está prohibido vender dulces en la vía pública y la sociedad se apropia de esa norma y la cumple por convicción intrínseca, esa conducta alineada con la norma positiva, sí se le puede denominar ideología, pues en ningún momento trastoca la disposición de la norma (derecho positivo), de lo contrario, si en la realidad natural, los miembros de una sociedad repudian la prohibición de que algunas personas vendan dulces en la vía pública, no es considerada una ideología por no estar alineada a la norma.

En la otra concepción que expone Kelsen establece que, en la realidad natural, el concepto de justicia no puede transgredir al derecho positivo, en caso de hacerlo, no se le puede considerar como ideología y se debe hacer de lado de la norma. Por ejemplo, si se repudia la norma que prohíbe la venta de dulces en la vía pública, argumentando que las personas que realizan dicha actividad lo hacen porque no hay fuentes de empleo y porque es un medio para buscar sustento y que es injusto que les prohíban vender dulces pues no es una actividad que dañe a la sociedad y por el contrario les genera ingresos a las personas que la realizan para poder subsistir, no es considerada ideología, pues va en contra de la norma establecida. Entonces dicho argumento de injusticia es inválido y no es tomado en consideración por el derecho positivo por no tener ninguna vinculación con la norma establecida y por ser contraria a la misma.

Una vez analizado el tema y en apego a los principios rectores del positivismo jurídico, se establece que el positivismo jurídico es la corriente que observa al derecho como el conjunto de normas jurídicas emitidas por el Estado a través de sus órganos competentes para ello siguiendo los lineamientos establecidos para emitirlas y con apego a la constitución, pues ésta es la fuente de las demás legislaciones y como uno de sus principales elementos se encuentra la coacción.

Ahora bien, una vez establecidos los aspectos generales del positivismo jurídico, se observa que dentro de ellos existen diversos elementos esenciales que se deben analizar; el primero es que se entiende como un conjunto de normas jurídicas, entendidos como los ordenamientos legales existentes, vigentes y aplicables al gobernado.

Posteriormente se aprecia que ese conjunto de normas jurídicas u ordenamientos legales son emitidos por el Estado y sus órganos competentes entendiendo que el Estado tiene el monopolio de la fuerza que se va a traducir en la coacción de la norma jurídica.

En este punto queda claro que las autoridades competentes son las encargadas de emitir las normas jurídicas en los diversos ámbitos sociales. Con este actuar de la autoridad política de emitir leyes pasamos a un derecho vigente, sin embargo, ese derecho vigente, en México, en una gran cantidad de casos no es constitucional.

Para el positivismo jurídico son las normas o leyes que se establecen para regular a un grupo de personas que pretenden lograr determinados fines y esos fines son los que le dan origen al nacimiento de esas normas que serán llamadas por el positivismo jurídico derecho, independientemente de los valores éticos o políticos de la sociedad a las que gobernarán.

En ese entendido se observa lo siguiente: "llamamos orden jurídico vigente al conjunto de normas imperativo-atributivas que en una cierta época y un país determinado la autoridad política declara obligatoria".[48] La anterior es otra forma de reconocimiento de los ordenamientos jurídicos. Que en el caso de México en muchas ocasiones esos ordenamientos, como ya se mencionó, se alejan de la Constitución e incluso en un gran número de veces van en contra de la misma, sin embargo, esos ordenamientos son aplicables producen sus efectos en los gobernados y sin fundamento constitucional *gobiernan* a la sociedad mexicana fundados en la fórmula de la vigencia al ser emitidos y declarados obligatorios por la autoridad política correspondiente.

---

[48] GARCÍA MÁYNEZ, Eduardo, *op. cit.*, nota 24, p. 37.

Es así como se determina que la teoría positivista en específico la Teoría Pura del Derecho de Kelsen presenta una fórmula denominada norma hipotética fundamental y dice que si una norma es válida vale también el orden jurídico que la creó. Para esta corriente es más importante el proceso de creación de la norma que el contenido de la misma, pues se da por hecho que las personas que intervienen en la creación (legisladores), son personas que buscan el bien común para la sociedad que gobiernan y por tal razón deberían de cuidar mucho el contenido de las mismas.

Herbert Hart va a señalar que el positivismo jurídico debe incluir un mínimo de derecho natural. Dicha aportación de Hart va a crear dos vertientes del positivismo jurídico, la del positivismo excluyente, que es aquella que se va a centrar en los procesos de creación de la norma y no reconoce al derecho natural y la del positivismo incluyente, dicha concepción se va a centrar en los procesos de creación de la norma con la diferencia de que el positivismo incluyente si va a observar y reconocer al derecho natural o también denominado iusnaturalismo.

Distinción del positivismo jurídico del iusnaturalismo jurídico y del realismo jurídico

Es puntual realizar un análisis de las principales diferencias que existen entre el derecho positivo, el iusnaturalismo y el realismo jurídico. Se observa al inicio de la estructuración del derecho lo siguiente:

> ...la ciencia jurídica se dividió en dos doctrinas sostenidas por diferentes acreditadas y acreditados jurisconsultos: la que comprendía el derecho natural en su concepción aristotélico-tomista; y la referente al derecho positivo lógico-racional.
>
> Ambas corrientes, después de rivalizar por largo tiempo, desarrollando diversas teorías antagónicas, finalmente han ocupado su lugar histórico-jurídico correspondiente, de acuerdo con la evolución de los sistemas vigentes en el mundo moderno[49]

---

49 MORALES HERNÁNDEZ, Manuel, *op. cit.*, nota 39, pp. 71 y 72.

Iusnaturalismo

Otra corriente que tiene gran relevancia es el denominado iusnaturalismo o derecho natural. La creación del derecho natural no se considera realizada por los integrantes de una sociedad. El derecho natural se entiende como un descubrimiento de las sociedades pues todas las cosas tienen un valor que la naturaleza les da.

De igual forma en el derecho natural existe una vertiente que apunta a que las cosas son creadas por Dios, lo que se ha denominado como Iusnaturalismo Teológico, en dicha concepción el derecho es otorgado por Dios y no se puede cuestionar al ser una emanación divina, solo se debe obedecer. El derecho natural es antes que el derecho positivo. Desde la época romana se estructuran los sistemas jurídicos basados en él. El derecho natural incluye los valores morales que van a determinar lo que va a ser justo e injusto. Incluye aspectos también filosóficos. Aristóteles, Kant, Santo Tomás, San Agustín, son de los principales autores que abordaron dicha corriente.

En ese entendido se denomina iusnaturalismo jurídico a:

> … un orden intrínsecamente justo, que existe al lado o por encima del derecho positivo. De acuerdo con los defensores del *positivismo jurídico* sólo existe el derecho que efectivamente se cumple en una determinada sociedad y una cierta época. Los partidarios de la otra doctrina aceptan la existencia de dos sistemas normativos diversos, que, por su misma diversidad, pueden entrar en conflicto. La diferencia se hace consistir en el distinto fundamento de su validez. El natural vale por sí mismo, en cuanto intrínsecamente justo; el positivo es caracterizado atendiendo a su valor formal, sin tomar en consideración la justicia o injusticia de su contenido, La validez del segundo encuéntrase condicionada por la concurrencia de ciertos requisitos, determinantes de su vigencia.[50]

Mientras el derecho positivo requiere de una serie de factores formales para su creación, el derecho natural se encuentra establecido por la naturaleza o en su vertiente teológica por Dios y

[50] GARCÍA MÁYNEZ, Eduardo, *op. cit.*, nota 24, p. 40.

por eso se denomina intrínsecamente justo, pues el ser humano al atentar contra su naturaleza atenta contra sí mismo, en sentido contrario, al ir a favor de su naturaleza va a favor suyo y por lo tanto es justo. Es la concepción de la corriente naturalista, aunque como se observa la corriente positivista sostiene una postura diferente.

"Los antecedentes del derecho natural se remontan primero a los griegos, en las teorías sofistas encabezadas por Protágoras (490-415 a. de c.), y después en el pensamiento filosófico-jurídico de Sócrates, divulgado por Platón. Los romanos no usaron esa expresión, pues prescindían de ella, por tener un sistema de derecho determinado. Para sus jurisconsultos, el derecho natural era un elemento intrínseco del positivismo, teniendo sus máximas y sentencias el carácter de inmutables, por lo que coexistían de manera normal con las normas creadas por voluntad del propio sistema de justicia. La noción de este derecho estaba asociada al ius Gentium que era el acostumbrado para todos los pueblos, y diferente del ius Civile para los ciudadanos romanos."[51]

En el derecho romano existía una armonía entre el derecho positivo y el derecho natural como se puede apreciar en la cita anterior, sin embargo, con la inclusión del método científico al derecho se separan ambas corrientes.

Unas de las características principales de la corriente iusnaturalista son las siguientes:

> La concepción iusnaturalista, en términos generales, sostiene: *a)* una tesis de filosofía ética que sostiene que hay principios morales y de justicia universalmente válidos y asequibles a la razón humana; *b)* una tesis acerca de la definición del concepto de derecho, según la cual un sistema normativo o una norma no pueden ser calificadas de "Jurídicas" si contradicen aquellos principios morales o de justicia.[52]

---

[51] MORALES HERNÁNDEZ, Manuel, *op. cit.*, nota 39, pp. 72 y 73.
[52] CÁRDENAS GRACIA, Jaime, *op. cit.*, nota 29, p. 45.

En el caso del derecho positivo en muchas ocasiones los grupos que se encuentran instaurados en el poder político crean leyes que atentan contra la naturaleza del ser humano, atentando contra él mismo, como el caso del sistema jurídico positivista Nazi. Es por ello por lo que el iusnaturalismo después de la segunda guerra mundial se convierte en una corriente bastante vigente en los sistemas jurídicos mundiales.

A diferencia del positivismo jurídico que no reconoce al iusnaturalismo, el iusnaturalismo sí reconoce al derecho positivo, sin embargo, establece que para que sea verdaderamente eficaz el derecho positivo se debe constreñir a los lineamientos del derecho natural, es decir, sólo lo reconoce cuando responde a los derechos naturales, más no cuando se aleja de ellos. El derecho positivo no reconoce al iusnaturalismo como ya se mencionó, pues el derecho positivo se somete a las formalidades de las autoridades políticas, mientras que el iusnaturalismo brota de la naturaleza humana y solo es reconocido por las sociedades más no creado por las mismas.

Algunas ideologías han querido descalificar al iusnaturalismo teológico señalando que las creencias religiosas no pueden constituir derecho, sin embargo, esas ideologías carecen de fundamento, pues en el análisis de diversos sistemas jurídicos se ha observado que muchos, si no es que la mayoría, tienen su origen en una creencia divina. Podemos poner como ejemplo el mandamiento de: No matarás, que su origen es teológico totalmente y al derecho pasa a integrarse como homicidio, feminicidio etc., observándose que la finalidad de dichas figuras jurídicas es la de no matar. Incluso muchos sistemas de gobierno se basan en los aspectos teológicos como lo es el caso de las monarquías, por tal razón las ideologías que pretenden invalidar al iusnaturalismo teológico son infundadas.

En el razonamiento del valor de las cosas derivado de su naturaleza se puede ejemplificar de la siguiente manera: Si alguien de pronto comienza a golpear una mesa en un lugar concurrido, los miembros de una sociedad se sienten agredidos, pues la mesa tiene un valor por el hecho de ser y la persona que la golpea o destruye sin razón no tiene *derecho* de hacerlo. Es así como se observa que la sociedad no le da el valor como tal a la mesa, solo descubre que la mesa tiene valor por el hecho de ser. Es así como en esas concepciones toman relevancia los valores morales que el derecho positivo no va a incluir.

Realismo Jurídico

Otra corriente fundamental para el derecho es el denominado realismo jurídico o ius realismo. Dicha corriente se va a centrar no tanto en los procesos de creación de normas ni en el descubrimiento del derecho que la naturaleza otorga, como lo es en el caso del positivismo jurídico y el iusnaturalismo, la corriente del realismo jurídico se va a centrar en la aplicación de la norma y las consecuencias de dicha aplicación.

"El realismo jurídico se divide en el realismo escandinavo y el en realismo norteamericano. Es importante observar que en el realismo escandinavo el derecho eficaz va a ser el que es aceptado en la conciencia jurídica popular y en su versión norteamericana el derecho eficaz va a ser aquel que apliquen los jueces en sus sentencias y fallos.

El Juez Oliver Wendell Holmes Jr., que es considerado el padre de la corriente del ius realismo, que señala que el derecho consiste en la predicción de las posibles decisiones particulares que podrán llevar a cabo los jueces, tomando en cuenta los intereses, fines y valores sociales" [53]

Dichas consideraciones no son aceptadas por el positivismo jurídico ni en su vertiente excluyente ni incluyente, pues para dichas corrientes resulta subjetivo, metafísico y poco comprobable la acción de querer predecir las posibles decisiones de los jueces.

---

53 Cfr. RODRÍGUEZ MANZANERA, Carlos, *Introducción al Estudio del Derecho,* México, Facultad de Derecho-Porrúa, 2017, págs. 116 y 117.

Por tanto, para la crítica que se realiza es que el ius realismo no tiene elementos claros de comprobación.

Por otro lado, la corriente del realismo jurídico señala que:

> "Por su parte, implicó en sus orígenes una manifestación de la revuelta en contra del formalismo y el positivismo jurídicos, se buscaba de una manera precisa y pragmática conocer lo que era el derecho, despojarlo de sus connotaciones trascendentalistas o metafísicas".[54]

El realismo jurídico implicó una confrontación entre el deber ser establecido por la norma y lo que es. Por ello observa al derecho como algo dinámico más no estático. La corriente del realismo jurídico ha sido estudiada de la siguiente forma:

> 1) una concepción dinámica de derecho; 2) una concepción instrumental: el derecho es un medio para el logro de fines sociales; 3) una concepción dinámica de la sociedad; 4) el divorcio entre el deber ser y el ser del derecho; 5) la desconfianza entre reglas y conceptos jurídicos tradicionales como descripción de lo que hacen los tribunales y la gente 6) la desconfianza en que las reglas prescriptivas sean el factor protagonista de la decisión judicial; 7) la creencia en que los casos y las situaciones jurídicas deben ser agrupados en categorías más limitadas que las tradicionales; 8) una valoración de todos los sectores del derecho por sus efectos, y 9) una investigación pragmática de los problemas jurídicos sobre la base de los puntos anteriores.[55]

Es así como el realismo jurídico, cuyo principal exponente para muchos ha sido el destacado jurista Alf Ross, ha sido influencia en diversas escuelas constructivistas a nivel mundial y en específico en Estados Unidos de Norteamérica con los denominados *Critical Legal Studies* que es la corriente referente a la crítica de la indeterminación del derecho y en la investigación de la función como ideológico legitimador.

Dentro del realismo jurídico se destacan los siguientes elementos:

---

54 *Idem.*

55 *Ibidem,* p. 52.

a) Un papel destacado del juez.

b) Una concepción dinámica del derecho que se orienta hacia fines sociales.

c) La separación entre el ser y el deber ser del derecho.

d) El acento en la indeterminación del lenguaje normativo.

e) El escepticismo frente a las normas.

f) Las decisiones judiciales son los hechos para construir el derecho.

g) El derecho son las predicciones que podemos hacer sobre lo que harán los jueces.[56]

Se observa que cada una de las corrientes anteriormente analizadas tiene sus propias particularidades y al confrontarlas encontramos los fines que cada una persigue.

Del análisis de las corrientes del positivismo jurídico, del iusnaturalismo jurídico y del realismo jurídico se destacan las siguientes características:

POSITIVISMO	IUSNATURALISMO	REALISMO
En los Estados constitucionales, la Constitución es la norma hipotética fundamental (da origen al sistema jurídico)	El hombre tiene derechos otorgados de manera natural	Las decisiones judiciales al traducirse en hechos crean derecho
La ley si es creada por las autoridades políticas del Estado, es obligatoria para sus ciudadanos (norma jurídica coactiva)	Si la norma jurídica no se apega a los derechos naturales, no debería tener validez	El juez toma mayor trascendencia e importancia, pues con sus decisiones que se traducen en hechos, se crea derecho

Figura 6. Elaboración propia.

56 *Ibidem*, p. 55.

Positivismo y formalismo jurídico, sus relaciones e implicaciones

El positivismo jurídico y el formalismo jurídico van muy aparejados por los elementos que integran a cada uno. Pero para poder entender mejor estas posturas, es necesario definir qué es el formalismo jurídico, a ese respecto se sostiene que el formalismo:

es una doctrina jurídica

> de carácter positivista que postula que las nociones de justicia son cuestiones para formular por el proceso legislativo, y no por decisiones judiciales, de manera tal que lo que es o no justo es una decisión que hace o debería hacer el legislador, independientemente de que el juez tenga una noción de justicia contraria.[57]

Como se puede apreciar, para el formalismo jurídico el nivel de justicia que contenga una ley es tarea del legislador, mismo que debe observar ese elemento; el juez es concebido como un aplicador de leyes, un operador jurídico, no importando que esté o no de acuerdo con el contenido de las mismas, el juzgador se debe constreñir a la aplicación de la ley como el legislador la formuló.

En ese contexto se entiende que:

> Todo Derecho positivo (Consuetudinario, jurisprudencial, legislado, contractual, etcétera) es tal Derecho positivo válido, en tanto en cuanto podemos referirlo a la voluntad del Estado. Toda norma positiva, sea cual fuere su origen efectivo, constituirá derecho formalmente válido en la medida en que deba ser impuesta por el Estado, es decir, por sus órganos.[58]

El elemento que destaca del formalismo jurídico es que observa al juez como un aplicador de leyes y no como un impartidor de justicia dejando la inclusión de la misma a la norma completamente al legislador. Por ello la corriente formalista en la actuali-

---

57 *Diccionario jurídico popjuris*, [en línea], http://www.popjuris.com/diccionario/definicion-de-formalismo-juridico/, [consulta: 09 de enero de 2023].

58 RECASÉNS SICHES, Luis, *Introducción al estudio del derecho*, 17a. ed., México, Porrúa, 2014, p.168.

dad es ineficaz pues el juez y en general los operadores jurídicos en la aplicación de derechos no únicamente se limitan a lo que señale el legislador.

La diferencia entre norma y realidad y la diferencia entre norma y eficacia

En la teoría positivista se concibe al derecho como un conjunto de normas jurídicas como ya se mencionó con anterioridad, en ese mismo sentido se puede decir que ese conjunto de normas son prescripciones de un deber ser, más no de un ser. En el contexto de que la norma contiene lo que debe ser más no lo que es, es decir, a través de la norma no se pretende realizar una descripción de la realidad, la intención de la norma es modificar la realidad que existe, se dice que la legalidad específica del derecho es la norma y la traducción de.

En ese entendido, se observa que la diferencia entre la norma y la realidad se encuentra en que la norma establece un deber ser y la realidad simplemente es, por consiguiente, la realidad constantemente supera a la norma, razón por la cual la realidad necesita ser normada.

No se deben confundir los aspectos de validez y de eficacia de la norma en relación a la realidad que pretende regular.

La validez de la norma es el elemento que adquiere al momento de ser creada por los órganos competentes, mediante el proceso establecido para que pueda nacer a la vida jurídica y regular la conducta que está destinada a regular.

La eficacia de la norma es el cumplimiento del fin para el cual fue creada.

En otras palabras, cuando se legisla siguiendo los procedimientos establecidos y se crean normas, el hecho de haber seguido los lineamientos establecidos para su creación, le otorga la validez a dicha norma.

A continuación, se abordará un ejemplo para explicar mejor lo anteriormente referido:

Si existe una norma que establece que para votar por algún partido o algún candidato de nuestra preferencia únicamente se debe marcar con una cruz la casilla preferida en la boleta electoral y si se realiza de una forma distinta a la de la cruz, el voto será invalidado. La norma, aunque es válida, es ineficaz, pues el fin de su creación es que el votante pueda manifestar su preferencia sobre algún partido o algún candidato, más no dar el estricto cumplimiento a marcar la casilla con una cruz pudiendo utilizar algún otro símbolo que manifieste su preferencia, la única forma que se podría invalidar sería que marcará dos o más casillas de partidos diferentes y que no se relacionen, pues en ese supuesto no se sabría cuál es la preferencia expresada.

El papel de la Constitución y su relación con el resto del ordenamiento desde el ángulo del positivismo jurídico

En México las normas que se emiten deberían atender a los principios establecidos en la Constitución Política y en los tratados internacionales en los que el Estado Mexicano sea parte y en especial los que tratan de derechos humanos, por ello es oportuno señalar que:

> La norma dictada por autoridad competente sólo será jurídicamente válida si se ajusta a los principios y derechos fundamentales garantizados en la constitución. En este sentido, la validez formal de las leyes, aunque sigue siendo necesaria, deja de ser suficiente como criterio para su pertenencia al derecho. El Estado constitucional incorpora una dimensión de validez sustantiva que actúa como complemento de la validez formal.[59]

---

[59] CARBONELL, Miguel y Pedro Salazar, coords., *Estudios sobre el pensamiento jurídico de Luigi Ferrajoli: El positivismo en el Estado constitucional*, 2a. ed., México, Trotta, 2009, p. 78.

Es decir, con la reforma del artículo primero de la Constitución Política de los Estados Unidos Mexicanos, del diez de junio de dos mil once que se analizará profundamente más adelante en la presente obra, el aspecto formal de validez en la creación de las normas ya no se sujeta únicamente a seguir el proceso para la creación de las mismas, también en el proceso de creación se deberá observar no contrariar los principios constitucionales y aquellos contenidos en los tratados internacionales en los que México sea parte principalmente tratándose de derechos humanos.

Partiendo del positivismo jurídico se ha preguntado ¿De dónde surgen las leyes? Ya se ha respondido parcialmente la pregunta al decir que, del proceso de legislación, sin embargo, existen algunas otras fuentes de derecho que se abordarán en lo sucesivo.

Las fuentes formales en el Derecho Mexicano

En el Derecho Mexicano, diversas corrientes han pretendido analizar las fuentes formales para la creación del mismo, sin embargo, se considera por la doctrina que las fuentes formales del derecho mexicano principalmente son tres:

1. El procedimiento legislativo que crea a la ley.
2. El procedimiento Consuetudinario que se apega a la costumbre.
3. El procedimiento Jurisprudencial que culmina en la jurisprudencia.

En México la división de poderes se encuentra distribuida entre el poder Ejecutivo, Legislativo y Judicial.

El poder ejecutivo se deposita en el Presidente de la república mexicana, el cual tiene facultades para promulgar y ejecutar leyes que expida el Congreso de la Unión. Tiene facultades para emitir decretos y reglamentos, mismos que deberá aprobar con su firma el Secretario de Estado.

El poder legislativo se deposita en el Congreso de la unión que se divide a su vez en dos cámaras, una de diputados y otra de senadores. Su principal función es legislar en los temas de la Nación.

El poder judicial se deposita en el Poder Judicial de la Federación, en la Suprema Corte de Justicia de la Nación, en el Tribunal Electoral, en Tribunales Colegiados y Unitarios de Circuito y en Juzgados de Distrito. Su principal función es la de operar el sistema jurídico nacional.

El procedimiento legislativo desarrolla los siguientes pasos:

a) Iniciativa de ley (propuesta)

b) Discusión (exponer argumentos de la pertinencia del nacimiento o no de la ley)

c) Aprobación (se determina la pertinencia de la ley)

d) Sanción (etapa en el que el presidente la aprueba o le hace modificaciones a la ley)

e) Promulgación (el ejecutivo firma la ley en aprobación de la misma)

f) Publicación (el presidente ordena se dé a conocer la ley a la nación en el Diario Oficial de la Federación)

g) Vacatio legis (periodo de tiempo que pasa entre la publicación de la ley y su entrada en vigencia.

h) Vigencia de la ley (forma en la que la ley entra en vigor y produce sus efectos).

Las anteriores son las etapas del proceso de legislación de la ley.

Ahora se abordará el procedimiento Consuetudinario.

El presente proceso se fundamenta en las costumbres de las determinadas sociedades. Y se dice que la costumbre es una forma determinada de actuar implantada, aceptada y obedecida por una comunidad siempre y cuando no sea considerada ilícita, lo anterior es sumamente importante pues muchas veces se pretende invocar el elemento consuetudinario para intentar legalizar alguna conducta ilegal, dicha acción jurídicamente no es posible realizar.

Esas formas determinadas de actuar, en determinados casos son reconocidas y aceptadas por el sistema jurídico correspondiente, dándole carácter de aplicable y obligatorio convalidándolas totalmente. Por ello la costumbre también es fuente de derecho.

Siguiendo la misma secuencia de ideas se abordará el procedimiento Jurisprudencial.

"El proceso jurisprudencial se fundamenta en los criterios jurídicos utilizados por el poder judicial para la resolución de determinadas controversias presentadas ante el mismo.

Utilizando dichos criterios se pretende resolver los problemas que surgen al momento de aplicar el derecho. Se le llama jurisprudencia a la reiteración de criterios jurídicos utilizados en casos similares. La reiteración más usada es aquella que surge cuando existen cinco sentencias seguidas en un mismo sentido sobre un mismo asunto y sin interrupción de dichos criterios por alguna sentencia en contrario. En el procedimiento jurisprudencial se incluyen a los principios jurídicos que también pueden aparecer en el proceso consuetudinario y legislativo."[60]

En la actualidad, desde 2011, por así señalarlo, el artículo primero de la Constitución Política de los Estados Unidos Mexicanos, los tratados internacionales en materia de derechos humanos también son fuente de derechos en México.

Por resolución de la Suprema Corte de Justicia de la Nación, también se pueden considerar como fuente de derecho a la jurisprudencia emitida por la Corte Interamericana de derechos humanos.

---

60 *Cfr.* RODRÍGUEZ MANZANERA, Carlos, *Introducción al Estudio del Derecho,* México, Facultad de Derecho-Porrúa, 2017, pp. 305-324.

Es preciso señalar que los tratados internacionales son fuentes de derecho no únicamente en materia de derechos humanos, también en otras materias, por ejemplo, el comercio.

Es así como se ha podido analizar brevemente las principales fuentes de derecho en México.

En resumen, para la teoría abordada en el presente capítulo, el derecho comprende los ordenamientos emitidos por el gobernante, mismos ordenamientos que contienen un deber ser que en caso de no ser obedecido será castigado y la validez de dichos ordenamientos depende de que sean emitidos por el órgano institucional de gobierno correspondiente que cumpla con los lineamientos establecidos para la imposición de la norma jurídica y que no lesione un derecho superior. En esta última parte enfatizaré a profundidad en lo sucesivo.

El postpositivismo

Una de las corrientes que se han querido acuñar en los últimos tiempos es la corriente denominada postpositivismo jurídico o también conocida como antipositivismo. Dicha teoría ha sido atribuida principalmente a Ronald Dworkin, mismo que tiene influencia de H. Hart con relación a la consideración de la inclusión de un mínimo de derecho natural en el derecho positivo.

"Dworkin al señalar la inclusión de la moral al derecho pretende desarrollar una propuesta fundamentada en tres pilares, la primera propuesta es la de los principios jurídicos o principios generales de derecho. La segunda es la de los derechos y la tercera es la de la concepción del derecho como interpretación.

En la propuesta de los principios generales del derecho o principios jurídicos señala que el derecho no es solo un conjunto de normas contenidas en un código ni la sola expresión de la voluntad del legislador, también los principios generales del derecho que pueden o no estar contenidos en códigos deben tomarse en consideración dentro del sistema que se va a denominar derecho.

Con relación a la propuesta de los derechos, Dworkin señala que existen normas jurídicas que van a ser dirigidas a los legisladores, mientras tanto los principios jurídicos se van a dirigir al juez.

La concepción del derecho como argumentación Dworkin la presenta señalando que las normas jurídicas son un instrumento inacabado del derecho, pues para que verdaderamente se puedan ver materializadas, es necesario que se apliquen. En dicha aplicación señala el propio Dworkin que los jueces en lo individual se basan en su moral, por lo tanto, el derecho también incluye moral y aspectos políticos, de los cuales se van a desprender los elementos para poder obtener una única respuesta a los casos que él denomina difíciles. Por lo tanto, Dworkin crea una figura ficticia denominada el Juez Hércules, misma figura que está dotada en lo personal por una gran capacidad, cultura, paciencia, ingenio sobre humano capaz de lograr encontrar la respuesta correcta y única a dichos casos difíciles."[61]

Como se puede observar, Dworkin, incluye en el derecho en esta propuesta que se ha denominado postpositivista a la moral y a la política.

La crítica que le puedo realizar a la presente corriente es que Dworkin mezcla la moral y la política para incluirla en el derecho al influir en las convicciones de los jueces al aplicar la norma. Es verdad que el juez en lo personal tiene una construcción social que incluye a la política y la moral que evidentemente van a incluir en las decisiones que toma, pero también es verdad que dichas decisiones deben encontrarse fundamentadas en una norma jurídica puesta en el sistema que se opera, por tal razón no es una influencia autónoma ni independiente de la moral y de la política, siempre se va a sujetar a la norma jurídica para que tenga validez. Para explicar mejor lo anteriormente mencionado se puede utilizar el siguiente ejemplo: Si la norma penal aplicable señala

---

61 Cfr. ATIENZA, Manuel, *El sentido del derecho, Ariel, 2012, pág. 306.*

que, por privar de la vida a una persona en determinadas circunstancias, la pena será de diez a veinte años, el juez deberá imponer una pena dentro de ese marco que la ley establece. El juez tal vez en su moral y por sus convicciones políticas quisiera poner cincuenta años o tal vez dos años de pena, pero no podría porque en caso de hacerlo, su resolución sería inválida por no encontrarse fundamentada conforme a derecho, no obstante que dicho juez argumentará que se fundamentó en su propia construcción moral o política. Para que la decisión judicial tenga validez, deberá estar fundamentada en las normas jurídicas puestas por el Estado.

En el caso de los principios generales de derecho surge algo más o menos similar. Los principios pueden estar contenidos en códigos o no, como se señala en el capítulo referente al análisis de los principios jurídicos del presente libro. Los principios jurídicos no se insertan al sistema jurídico por sí mismos, debe existir una norma jurídica que les dé validez para que puedan operar, por eso como es el caso del artículo 14 de la Constitución Política de los Estados Unidos Mexicanos de 1917 en su último párrafo señala lo siguiente: "En los juicios del orden civil, la sentencia definitiva deberá ser conforme a la letra o a la interpretación jurídica de la ley, y a falta de ésta se fundará en los principios generales del derecho"[62] Dicha norma jurídica establecida y puesta previamente en el sistema que opera, da fundamento para que un principio general de derecho pueda insertarse en el propio sistema dejando de lado nuevamente la moral y las creencias políticas del juez, pues no puede insertar algo que la norma jurídica no le permita, más allá de sus propias convicciones morales o políticas.

Por las razones anteriormente señaladas, considero que la teoría denominada postpositivista es una distorsión del positivismo incluyente y excluyente que es difícil de comprobar. Al igual que la figura del juez Hércules y la teoría de la única respuesta co-

---

62 Constitución Política de los Estados Unidos Mexicanos https://www.diputados.gob.mx/LeyesBiblio/ref/cpeum.htm (Consultada el 04 de Enero de 2023)

rrecta, pues dichos elementos se abordan desde aspectos abstractos. Como aspectos literarios pueden ser un aporte, pero como aspectos teóricos como instrumentos para llevar a la práctica son muy cuestionables y debatibles por la poca comprobabilidad que tienen en un aspecto fáctico.

El neocostitucionalismo

Otra corriente que en la actualidad ha tenido mucho auge es la corriente denominada neoconstitucionalismo. La corriente postpositivista y la corriente neoconstitucionalista van a ser acuñadas como se conocen en la actualidad, después de la segunda guerra mundial, al observarse que el modelo positivista excluyente no tuvo eficacia en el sistema nazi.

En la corriente neoconstitucionalista se va a dar prioridad a la forma de justificar las decisiones judiciales, mismas que deberán observar la supremacía constitucional.

Se sostiene que existen decisiones judiciales constitucionales argumentadas moralmente y se sostiene que dicha actividad ocurre más frecuentemente en el juez constitucional que en sus decisiones es común que recurra a principios morales.

Paolo Comanducci refiere lo siguiente: "si por justificación entendemos la justificación *última*, es decir si se pide que estén necesariamente justificadas las prescripciones más generales y abstractas que justifican en última instancia aquella decisión. Si adoptamos el concepto de justificación como justificación última, entonces la respuesta antes mencionada deja de ser satisfactoria: la decisión no está, en este sentido, justificada si no están justificadas las razones que justifican aquella decisión.[63] Como elementos principales del neoconstitucionalismo se observa que se encuentran las justificaciones judiciales, la observancia de los principios

---

[63] VÁZQUEZ, Rodolfo (Coord.), *Filosofía Jurídica, Ensayos en homenaje a Ulises Schmill,* México, Porrúa, 2005, pág. 191.

morales en las mismas, también se puede observar que incorporan elementos del ius naturalismo y la supremacía constitucional.

Se aprecia lo siguiente: "La tesis neoconstitucionalista es que cualquier decisión jurídica, y en particular la decisión judicial, está justificada si deriva, en última instancia, de una norma moral."[64]

Como se puede observar, el denominado neoconstitucionalismo, parte de la observancia de la moral en las decisiones judiciales, en dicha observancia se encuentra la supremacía constitucional.

La crítica que realizo a la corriente en análisis es que al igual que el denominado postpositivismo, se aborda la inclusión de la moral en las decisiones judiciales, sin embargo, dichas decisiones para poder tener validez jurídica deben fundarse en una norma jurídica, en caso de fundamentarse únicamente en una norma moral carecería de validez. Cuando se observa la supremacía constitucional, se sigue observando al sistema jurídico puesto por lo tanto en los casos que interviene la moral es porque la norma jurídica lo permite y al permitirlo se integra al sistema jurídico, dejando de ser moral para convertirse en jurídico, siguiendo la tesis de la separación entre derecho y moral. Si se pretende incluir a la moral sin observar la estructura del sistema jurídico, resulta muy preocupante, pues se abriría la actividad judicial a elementos abstractos y subjetivos como lo son los valores morales, pues lo que puede estar bien para unos, para otros puede estar mal. Por eso la norma jurídica establece criterios que permiten otorgar certeza jurídica. De lo contrario, lejos de existir certeza jurídica, existiría incertidumbre jurídica derivada de juicios de valor morales.

Razonamientos relevantes a considerar

Se ha podido observar en el presente capítulo que el positivismo jurídico en sus inicios ha tenido como principal elemento

---

64 *Idem*

a la interpretación gramatical de la ley, es decir, la letra de la ley obliga. También se ha observado que se entiende al juez como un interpretador de la ley y se trata de atender en todo momento a la intención del legislador. Un elemento esencial del positivismo jurídico es que se debe respetar lo establecido en la norma jerárquicamente superior que da origen a las demás y que al momento de que se crean las normas de menor jerarquía no se debe ir en contra de la norma jerárquicamente superior (entendiendo que la figura del principio pro persona modifica esto, dicha figura se analizará en capítulos posteriores).

Es importante volver a señalar que en el caso del derecho mexicano la Constitución Política es la norma superior que da origen a las demás, sin embargo, como se ha apreciado, existen normas inferiores jerárquicamente que van en contra de la norma superior jerárquica y aun así se ejecutan fundamentadas en el razonamiento de que cumplieron el proceso de creación establecido no obstante que van en contra del primer lineamiento que es el apego a la norma superior jerárquica. Para tratar de evitar las transgresiones a los derechos humanos la norma jerárquica superior que en nuestro país como ya se mencionó es la Constitución, misma que inserta el principio *pro persona* o también denominado principio *pro homine* que se analizará en capítulos anteriores. Por tales razones se observa que para que una decisión judicial sea válida y otorgue certeza jurídica, deberá encontrarse fundamentada en una norma jurídica perteneciente al sistema judicial que opera, si se insertan valores morales es porque el propio sistema jurídico lo permite, al insertarse dichos valores morales en el sistema jurídico dejan de ser morales y se convierten en jurídicos, prevaleciendo la tesis de la separación de la moral y el derecho sobre otras tesis que son más débiles en cuanto a su explicación y aplicación.

Capítulo III

La interpretación y la hermenéutica del derecho

1. PANORAMA GENERAL

a) Objetivo particular del capítulo

En el presente capítulo se analiza a la interpretación del derecho, los tipos de interpretación jurídica más importantes, así como a la hermenéutica jurídica. Al finalizar el presente capítulo se conocerán las principales formas de interpretación, los efectos de las mismas y los casos en los que intervienen cada una, estableciendo que en el derecho existen distintas formas de interpretación y no únicamente la gramatical.

2. ASPECTOS GENERALES DE LA INTERPRETACIÓN Y LA HERMENÉUTICA DEL DERECHO

a) La interpretación del derecho

Aspectos generales de la interpretación del derecho

Como se analizó en el capítulo anterior, existen diversas formas de explicar el positivismo jurídico y sus principales vertientes, así como al ius naturalismo, ius realismo, etc. Se observa que la ley o norma no puede separarse de su interpretación, dicha interpretación se va a apegar a la corriente jurídica a la que se adhiera la persona que interpreta. Pero para poder saber a qué me refiero con lo anterior, es importante definir qué se entiende por interpretar. En ese mismo contexto se encuentra que el Diccionario de la Real Academia de la Lengua Española establece que Interpretar es: "Explicar o declarar el sentido de algo, y principalmente el de un texto".[65]

Es así como relacionando la anterior definición con la Teoría de los Signos, de Charles Sanders Peirce, misma que establece que las formas de comunicación, en específico el lenguaje, es conducido por el pensamiento, como consecuencia de ello y observado desde este punto, los actos de comunicación y el pensamiento se encuentran estrechamente relacionados y son fundamentales para la expresión de las ideas de las personas. Siguiendo el mismo contexto se observa que el pensamiento y el lenguaje están conducidos por reglas generales y su objetivo central es la asociación de ideas.[66] Esa asociación de ideas permite a las personas generar mensajes que sean entendidos por sus semejantes dentro de una sociedad.

Ferdinand de Saussure define al lenguaje como: "una facultad natural que tiene una fisonomía individual y otra social ".[67] Entonces se entiende al lenguaje como la capacidad de las personas de forma individual o colectiva de comunicarse.

En el derecho, se dice, que la norma jurídica es la forma de expresión de las ideas de los legisladores. Mismas ideas son sujetas a interpretarse, es decir a explicar el sentido de la misma.

La interpretación nace cuando se pretende comunicar un mensaje, el emisor pretende transmitir una idea y el receptor interpreta los signos que el emisor utilizó para realizar la transmisión del mensaje y atribuirle un significado a los mismos y de este modo comprender lo que el emisor trató de dar a entender, trató de comunicar.

---

65 REAL ACADEMIA ESPAÑOLA, *Diccionario de la Lengua Española de la Real Academia De La Lengua Española*, Madrid, Real Academia Española/ Asociación de Academias de la Lengua Española (ASALE), 2023 [en línea], http://dle.rae.es/?id=LwUON38.

66 *Cfr.* GONZÁLEZ RUÍZ, Samuel, *Código semiótico y teorías del derecho*, México, DJC, 2004, pp.41–47.

67 *Idem.*

En el derecho la interpretación toma mayor relevancia a partir de: "... la época de las grandes codificaciones y, sobre todo, desde la promulgación del Código Napoleón".[68]

Sin embargo, no significa que la interpretación en el derecho no se encontrará presente.

En la interpretación de la ley:

> Lo que cabe interpretar no es la voluntad del legislador, sino el texto de la ley. Esto no significa que la interpretación haya de ser puramente gramatical, pues la significación de las palabras que el legislador utiliza no se agota en su sentido lingüístico. Para percatarse de ello basta con pensar en la equivocidad de muchos de los términos que maneja y, sobre todo, en la necesidad en que se encuentra de usar vocablos que poseen una significación propiamente jurídica, no creada por él, y se halla en conexión con muchas otras del mismo sistema de derecho.[69]

En la definición anterior se observa que la forma de interpretación que se refiere es la del texto de la ley, es decir, el verdadero significado de las palabras contenidas en determinado ordenamiento no siendo únicamente de carácter gramatical. Con ello se pretende eliminar ambigüedades de las palabras utilizadas, para que de ese modo se establezcan criterios que permitan reducir confusiones.

En otra definición se señala lo siguiente: "Interpretamos un hecho cuando lo explicamos, e interpretamos un signo artificial (símbolo) cuando averiguamos o estipulamos lo que significa un determinado contexto".[70] Continuando con la secuela de ideas, Mario Bunge hace la distinción de interpretar hechos e interpretar símbolos. Los hechos, dice que se interpretan al momento que se trata de explicarlos, pues la persona que los trata de explicar,

---

68 *Cfr.* García Máynez, Eduardo, *op. cit.*, nota 24, p. 334.

69 *Ibidem*, p. 329.

70 BUNGE, Mario, *La investigación científica*, 4a. ed., México, Siglo XXI, 2007, p. 122.

los explica desde su propia visión, desde su perspectiva y desde su propio ángulo.

Cuando el operador jurídico pretende interpretar, cuenta con elementos que le permiten realizar la labor, también se denominan, formas de interpretación.

En el presente trabajo se analiza la interpretación gramatical, interpretación sistemática, interpretación histórica, interpretación genética y la interpretación acorde al uso alternativo del derecho.

La interpretación gramatical, algunos autores señalan que se da cuando se encuentra un supuesto como el siguiente: "...se puede aplicar el texto en sus términos, si éste es claro y no queda duda del pensamiento del legislador".[71] Misma situación es un tanto difícil de concebir sobre todo en los casos donde se encuentran antinomias o ponderación de derechos pues para esos casos el texto no puede ser tan completo ni entendido como una totalidad absoluta. Es importante señalar que en muchas ocasiones el texto de la ley no es suficiente para saber el sentido de la misma.

También se ha concebido al método de interpretación gramatical como método exegético en el cual se señala lo siguiente:

> ... se propone encontrar el sentido de una norma o de una cláusula en el texto de las mismas. Es decir, a partir de su literalidad, se atribuye un significado a los términos empleados en la redacción por el legislador o por los contratantes con ayuda de las reglas gramaticales y del uso del lenguaje, se indaga el significado de los términos en que se expresa una disposición normativa. Dicho significado suele coincidir con el lenguaje general empleado por los miembros de la comunidad, aunque en ocasiones es menester atender el lenguaje técnico que utiliza la norma jurídica.[72]

---

71 LARIOS VELASCO, Rogelio y Lucila Caballero Gutiérrez, *Las directivas de la interpretación jurídica,* México, Fontamara, 2011, p. 84.

72 ANCHONDO PAREDES, Víctor Emilio, "Métodos de interpretación jurídica", *Revista Quid Iuris,* México, vol. 16, año 6, pp. 37 y 38 [en línea], http://historico.juridicas.unam.mx/publica/librev/rev/qdiuris/cont/16/cnt/cnt4.pdf, [consulta: 09 de enero, 2023].

En la cita anterior se observan algunas de las problemáticas a las que se enfrenta uno de los métodos de interpretación recurrido con mucha frecuencia en los sistemas jurídicos, el interpretativo gramatical. Una de ellas y que se puede decir que es de las más relevantes es que muchas veces existen palabras que pueden tener distintos significados o connotaciones, es decir pueden entenderse de manera distinta. Se supone que cuando el legislador se encuentra realizando su labor, pretende evitar ese problema, sin embargo, sólo se queda en una suposición pues dentro de nuestro sistema normativo, se observa con mucha frecuencia palabras con un nivel muy elevado de ambigüedad e incluso contradictorias que complican el entendimiento. Es por ello que la interpretación gramatical y ajustada totalmente al texto de una ley, puedo decir, es muy poco efectiva para la verdadera impartición de justicia.

Diversos métodos de interpretación jurídica

La tarea del operador jurídico se vincula directamente con la interpretación jurídica que realiza en los actos que interviene desde la esfera de sus funciones. En el caso de Jueces, Magistrados y sus auxiliares en los proyectos de resoluciones, la interpretación jurídica que realizan es lo que los va a distinguir como verdaderos impartidores de justicia o simples aplicadores de leyes. Para ello, el operador jurídico se auxilia de los métodos de interpretación gramatical, interpretación sistemática, interpretación histórica, interpretación genética, la interpretación acorde al uso alternativo del derecho, la interpretación funcional entre otras.

Análisis de algunos métodos de interpretación

Cuando se presenta en la realidad un problema jurídico se observa desde diversas posturas, en ocasiones cada óptica puede ser distinta con relación al mismo problema. Cuando ese problema se convierte en una controversia jurídica, se presenta ante el juzgador para que resuelva lo conducente y para ello se auxilia de los métodos de interpretación jurídica que considere idóneos.

Interpretación jurídica gramatical

Este tipo de interpretación también es denominada literal, misma que ya ha sido abordada anteriormente, es como también se mencionó, una de las más recurridas por nuestro sistema, pues se ha pretendido adecuar una conducta o una acción a una prescripción establecida en una norma jurídica y una vez que se encajona dicha acción o conducta a la norma, se aplica la sanción establecida, pero ese acto *no es impartir justicia*, dicho acto no permite realizar una ponderación verdadera de derechos, pues se limita a seguir una prescripción previamente establecida sin que exista un proceso más elaborado para permitir un razonamiento más completo.

Como ejemplo puedo citar las denominadas foto multas, si un vehículo circula rebasando el límite de velocidad, el dispositivo toma la foto a la placa de circulación y la autoridad encargada, de manera sistemática emite una sanción sin tomar en consideración si el vehículo excedió los límites de velocidad, tal vez porque se dirigía de emergencia a llevar a una persona enferma al hospital. Puede impugnarse esa multa, pero ese hecho significa pasar por un proceso burocrático que a fin de cuentas saldrá más costoso para el ciudadano que la misma multa. En dicho supuesto se dejan de lado las razones por las cuales un vehículo pudo rebasar los límites de velocidad y se aplica de manera mecánica la norma jurídica.

Es importante señalar que el artículo 14 de la Constitución Política de los Estados Unidos Mexicanos en su último párrafo establece que: "En los juicios del orden civil, la sentencia definitiva deberá ser conforme a la letra o a la interpretación jurídica de la ley, y a falta de esta se fundará en los principios generales del derecho".[73]

Sin embargo, dicho criterio ha cambiado con la reforma del artículo 1° constitucional de 2011 que establece:

---

73 *Constitución Política de los Estados Unidos Mexicanos*, [en línea], http://www.diputados.gob.mx/LeyesBiblio/pdf/1_240217.pdf, [consulta: 09 de enero, 2023].

> Todas las autoridades, en el ámbito de sus competencias, tienen la obligación de promover, respetar, proteger y garantizar los derechos humanos de conformidad con los principios de universalidad, interdependencia, indivisibilidad y progresividad. En consecuencia, el Estado deberá prevenir, investigar, sancionar y reparar las violaciones a los derechos humanos, en los términos que establezca la ley.[74]

En ese contexto puedo decir que, si la ley que se pretende aplicar conforme a la letra en los juicios de orden civil va en contra de lo establecido por el artículo primero constitucional párrafo segundo y tercero, la interpretación empleada no debe ser conforme a la letra de la ley pues estaría transgrediendo lo ordenado por el artículo primero constitucional en sus párrafos primero, segundo y tercero.

Por ello la insistencia de que aplicar únicamente la interpretación gramatical o textual no puede denominarse impartición de justicia, por tal razón la interpretación gramatical, aunque es de las más recurrida en los sistemas jurídicos, no es la más idónea para resolver las controversias jurídicas.

Interpretación sistemática

Otro método en análisis es el método de interpretación sistemática, uno de sus principales objetivos es el siguiente: "busca extraer del texto de la norma un enunciado cuyo sentido sea acorde con el contenido general del ordenamiento al que pertenece. Procura el significado atendiendo al conjunto de normas o sistema del que forman parte".[75]

Se aprecia dentro de la interpretación en análisis que los razonamientos deben atender al sistema normativo al cual pertenece

---

74 *Idem.*

75 ANCHONDO PAREDES, Víctor Emilio, *op. cit,* nota 72, p. 41. [en línea], http://historico.juridicas.unam.mx/publica/librev/rev/qdiuris/cont/16/cnt/cnt4.pdf, [consulta: 09 de enero, 2023].

la norma que se pretende aplicar, no simplemente se debe observar de manera aislada, pues al realizarlo de esa forma se coartaría la secuencia de lineamientos que establece dicho sistema y los fines que persigue el mismo.

Como ejemplo se puede abordar que, en materia familiar, la finalidad del sistema normativo es la protección de la familia. Si en un proceso familiar se presentan de forma extemporánea por alguna de las partes las pruebas que pudieran acreditar algún daño que reciente algún miembro de la familia, en un aspecto ideal, deberían de ser admitidas pues en este caso el término para ofrecer pruebas se encuentra por debajo del hecho de que el juzgador conozca todos los elementos para poder resolver de forma idónea, pues de no conocer las pruebas que se pretenden desechar, puede emitir un fallo que afecte severamente a algún miembro de la familia involucrado. En el ejemplo anteriormente señalado se atiende al fin del sistema normativo, pues el fin es, como se reitera, la protección de la familia. Si sólo se aplica la norma aisladamente, esas pruebas presentadas extemporáneamente serían desechadas, siendo esta última una decisión equivocada por parte del operador jurídico, pues no conocería de factores de suma relevancia para garantizar la protección a determinado miembro de la familia. Este tipo de interpretación es más completa pues se pretende ir más allá que la simple aplicación de un artículo de manera aislada.

Interpretación histórica

La interpretación histórica se fundamenta en estudiar los contextos anteriores a la norma para que se pueda entender los fines que se perseguían al momento de emitirla y si esos fines siguen siendo los mismos al momento de aplicarla. La interpretación en turno presenta dos vertientes, una dinámica y otra estática. En cuanto a la estática se atiende a la forma de aplicar algún ordenamiento por el hecho de que así se ha aplicado a lo largo de los años. La dinámica pretende innovar en la aplicación atendiendo dicha innovación al contexto histórico.[76] De igual forma, como se observa, este tipo de interpretación es un poco más completa que la gramatical, pues atiende a mayores factores que permiten dotar de una mejor visión al juzgador.

Interpretación genética

Consiste en observar las causas que dieron origen a la creación de la norma. La interpretación genética se relaciona directamente con la interpretación histórica sin embargo la diferencia entre las dos es que la genética se centra en el entendimiento de las causas que dieron origen a la norma, mientras que la histórica se centra en las circunstancias sociales, legislativos y jurisprudenciales.[77]

Interpretación acorde al uso del derecho

Esta interpretación se centra en la imparcialidad que debe mantener el juzgador al momento de interpretar y el apego a la observancia del sistema jurídico al que pertenece, señalando que:

> Según esta postura interpretativa se busca privilegiar en el plano judicial y la práctica de aquellos "sujetos jurídicos" que se encuentran sometidos o dominados; la interpretación debe adoptar carácter restitutorio y de emancipación dentro de una política jurídica o judicial ya permitida por las posibilidades del mismo ordenamiento legal para evitar así el personalismo o el voluntarismo del intérprete.
>
> El intérprete tiene que acercarse al sistema jurídico y a la investigación de los hechos, desprendidos de sus prejuicios y de sus afectos.
>
> Para lo anterior, el intérprete dispone de una jerarquía de fuentes establecidas por el mismo sistema y de una metodología que se resuelve en un conjunto de reglas técnicas que le permitirán descubrir las normas aplicables y mantener al mismo tiempo las características de neutralidad y objetividad.

---

[76] *Cfr. Ibidem,* pp. 47 y 48.

[77] *Cfr. Ibidem,* p. 48.

> En esta tarea, el intérprete buscará la explicación adecuada de los vínculos genéticos y funcionales que unen la superestructura de los códigos y de los conceptos jurídicos a la totalidad social; analizará la función de las distintas instituciones jurídicas en relación con la distribución real de poderes de la sociedad; esto es, debe proponerse recuperar la relación existente entre normas jurídicas y estructuras sociales.
>
> Siguiendo ese camino, el jurista llegará a una interpretación que favorezca la posición del sujeto en desventaja, porque el sentido que atribuya a la norma será aquél que sea más benéfica a su débil situación social.[78]

Se desprende de lo anteriormente citado que la interpretación se realizará a favor de la persona que se encuentre en desventaja o que de los elementos presentados al juzgador se desprenda que ha sido vulnerada la esfera jurídica que le protege al gobernado.

Interpretación funcional

Este tipo de interpretación y relacionándolo en el contexto actual que vive México, puedo decir que se debe confrontar con los otros modelos de interpretación anteriormente abordados, pues sería muy delicado que el juzgador únicamente se limitara a tratar de atender la intención del legislador, pues en la actualidad se ha observado que el legislador, en un gran número de casos realiza su función en atención a fines políticos o de cabildear cargos públicos que por el hecho de buscar un verdadero bien común. Un ejemplo de la interpretación funcional se encuentra en la Ley General del Sistema de Medios de Impugnación en Materia Electoral establece en su artículo segundo lo siguiente:

> **Artículo 2**
>
> 1. Para la resolución de los medios de impugnación previstos en esta ley, las normas se interpretarán conforme a la Constitución, los tratados o instrumentos internacionales celebrados por el Estado Mexicano, así como a los criterios gramatical, sistemático y

---

78 *Ibidem*, pp. 50 y 51.

> funcional. A falta de disposición expresa, se aplicarán los principios generales del derecho.
>
> 2. La interpretación del orden jurídico deberá realizarse conforme a los derechos humanos reconocidos en la Constitución, favoreciendo en todo tiempo a las personas con la protección más amplia.
>
> 3. En la interpretación sobre la resolución de conflictos de asuntos internos de los partidos políticos, se deberá tomar en cuenta el carácter de entidad de interés público de éstos como organización de ciudadanos, así como su libertad de decisión interna, el derecho a la auto organización de los mismos y el ejercicio de los derechos de sus militantes.[79]

La interpretación funcional, por criterio emitido por el Tribunal Electoral del Poder Judicial de la Federación se puede entender de la siguiente manera: "Es aquel en el que se determina el significado de un enunciado atendiendo la intención del legislador, sus fines y las consecuencias de un significado, la interpretación debe ser justificada".[80]

Es importante señalar que el artículo anteriormente señalado dispone que prácticamente el juzgador debe aplicar la interpretación que más favorezca a la impartición de justicia. Un aspecto muy relevante que se analizará más adelante.

Otro criterio de la interpretación funcional se encuentra en la siguiente tesis jurisprudencial:

> CRITERIO O DIRECTIVA DE INTERPRETACIÓN JURÍDICA FUNCIONAL. En seguimiento cabal del iusfilósofo polaco Jerzy Wróblewski, este criterio interpretativo se sustenta en una ideología dinámica, que entiende que el sentido de la norma jurídica se modifica en relación con los cambios que se producen en el contexto complejo en el que se le interpreta, logrando mayor elasticidad en los sentidos para las normas que requieren interpretación; así,

---

79 *Ley General del Sistema de Medios de Impugnación en Materia Electoral* [en línea], http://www.diputados.gob.mx/LeyesBiblio/pdf/149.pdf, [consulta: 09 de enero, 2023].

80 *Tribunal Electoral del Poder Judicial de la Federación*, [en línea] http://te.gob.mx/taxonomy/term/147/0, [consulta: 09 de noviembre, 2021].

esa directiva se refiere al contexto de las relaciones y valoraciones sociales, en el que la norma fue dictada, es interpretada o será aplicada, que no pertenecen al contexto lingüístico o al sistémico. El contexto funcional es complicado y dinámico, se constituye, en términos aproximativos —porque son distintos factores los que confluyen—, por la situación social imperante en el momento en que se emite la norma jurídica, y/o en el que ésta se aplica, lo cual remite al conjunto de las relaciones sociales relevantes, las valoraciones sociales, las normas que forman el contexto ideológico, las funciones de esa norma y de las que se relacionan con ella, además de las finalidades de ésta, según las concepciones del legislador y/o del intérprete. La concepción del contexto funcional implica una idea general sobre el derecho y la sociedad y una teoría global de la dependencia social del derecho; el derecho se crea, aplica y funciona en el contexto de diferentes hechos socio psíquicos, en donde se incluyen las normas y valoraciones extralegales, relaciones sociales, otros factores condicionantes del derecho, como la economía, política, cultura; diversas opiniones concernientes a los hechos relevantes para el derecho; también, la "voluntad" del legislador histórico, como hecho del pasado o como construcción teórica de la ciencia jurídica y/o de la práctica jurídica; así como los problemas acerca de los propósitos e intereses que influyan en el derecho. Sin embargo, ese contexto sólo es relevante, en tanto influye en la voluntad del legislador histórico o confluye en los factores que realmente determinan el significado de la regla en el momento en que se hace uso, aplicación o análisis de ella. Sobre este criterio funcional de interpretación, y en atención a su complejidad, Francisco Javier Ezquiaga Ganuzas ejemplifica que es el que permite atribuir el significado a una disposición, conforme a la naturaleza, finalidad o efectividad de una regulación, la intención del legislador, las consecuencias de la interpretación, la admisibilidad de ésta; el que tiene en cuenta la naturaleza y objetivo de la institución, los fines perseguidos por la ley o los valores que ésta protege.

CUARTO TRIBUNAL COLEGIADO EN MATERIA CIVIL DEL PRIMER CIRCUITO. Amparo en revisión 41/2016. Seguros Argos, S.A. de C.V. y otros. 23 de junio de 2016. Unanimidad de votos. Ponente: Leonel Castillo González. Secretaria: Cynthia Hernández Gámez.[81]

---

81 Tesis 2012416. I.4o.C.5 K (10a.), *Semanario Judicial de la Federación y su Gaceta,* Décima Época, libro 33, agosto de 2016, p. 2532.

Del criterio anterior se desprende que ya no sólo se va a atender a la literalidad de la ley, es necesario realizar juicios de ponderación entre la naturaleza de la misma, la finalidad, efectividad, intención del legislador, objetivo, fines perseguidos y valores que protege para que de esa forma se obtenga el elemento jurídico a utilizar que sea más idóneo para la impartición de justicia.

Es así como se ha analizado de forma general algunos de los métodos más importantes de interpretación mismos que deben ser observados por el juzgador y los operadores jurídicos bajo los principios constitucionales que preservan la impartición de justicia.

b) Hermenéutica Jurídica

Aspectos generales de la hermenéutica jurídica

La hermenéutica jurídica es una herramienta que el operador jurídico debe sin duda usar de manera constante, pues permite enriquecer el criterio de resolución tomando en consideración diversos elementos, pero es importante señalar qué es la hermenéutica jurídica. El término tiene sus orígenes en la expresión grecolatina *jermeneueien* que significa: traducir, esclarecer.

En otra concepción de hermenéutica se define como: "Arte de interpretar textos legales".[82] Esta definición califica a la hermenéutica como un arte, misma concepción la comparto ampliamente, pues en mi criterio, efectivamente la hermenéutica es un arte; pues permite al operador jurídico aplicar libremente sus conocimientos para realizar la actividad de interpretar determinados textos legales que permitan agotar los recursos con los que el operador jurídico cuente para determinar el fallo basado en un verdadero análisis jurídico exhaustivo. En el mismo contexto se señala lo siguiente:

---

82 ATWOOD, Roberto, *Diccionario jurídico*, México, Librería Bazán, 1981, p. 121.

> La hermenéutica jurídica es un marco conveniente para analizar la interpretación, la aplicación y la misma argumentación porque rescata para el derecho su carácter de práctica social, porque señala la importancia de la precomprensión del intérprete en la definición de los sentidos y significados, porque evita que la interpretación se entienda como algo lineal, mecánico, sin referencia al contexto y al ordenamiento, y porque la interpretación, la aplicación y la argumentación entrañan una comprensión y una praxis. Los conceptos para interpretar, aplicar y argumentar no son unívocos, presentan dificultades, dado que su análisis y determinación de significado viene en buena medida condicionada por la teoría de la argumentación y del derecho de la que se eche mano.[83]

La hermenéutica jurídica proporciona al intérprete mayores recursos para poder realizar una función jurídica que atienda a las necesidades presentadas, dicha interpretación es más completa que la interpretación lineal, dura, mecánica e inflexible.

También se observa que la hermenéutica jurídica permite entender al derecho como un medio de buscar el bien común y no de unos cuantos. Reitero, es importante observar las leyes utilizando las herramientas jurídicas que permitan su adecuado estudio.

Es importante señalar que no se debe caer en el exceso de ponderación pues dicha práctica también sería un error que impacta directamente en la impartición de justicia. La ponderación es una herramienta que se debe de utilizar de forma prudente, no de forma mecánica y sistemática.

Algunas de las características más importantes de la hermenéutica jurídica son las siguientes:

a) Su antipositividad, en cuanto considera que el derecho no son solo reglas dictadas por el legislador, el derecho es sobre todo práctica social que se entiende necesariamente desde su interpretación y aplicación;

---

83 CÁRDENAS GRACIA, Jaime, *op, cit.*, nota 29, p. 3.

b) La precomprensión, esto es, que la relación con un texto jurídico depende del contexto en el que se inscribe, necesita de experiencias previas, de "pre-juicios";

c) La interpretación no puede verse en forma atomista y lineal, sino que es una actividad circular entre el texto normativo, el caso, el ordenamiento y el contexto, y

d) El sujeto de interpretación siempre está situado en una determinada perspectiva; el conocimiento jurídico es al mismo tiempo comprensión y praxis.[84]

En el inciso a) se señala la antipositividad, misma que se debe de entender no como una desobediencia de las leyes, más bien como el sentido que tienen las mismas para saber cuál es la que es más conveniente aplicar atendiendo a los resultados de su práctica, es decir, a los beneficios o perjuicios que aplicar dicha norma trae a la comunidad a la que está destinada a regular.

En los incisos b), c) y d) se señalan nuevamente los elementos que el intérprete debe considerar para enriquecer su labor, destacando que la interpretación rígida que entiende que la ley lo dice todo, pues el legislador en su labor previó todo, y por lo tanto, se debe aplicar sin más razonamientos, es completamente errónea porque deja de lado consideraciones fundamentales así como ponderaciones y razonamientos del conjunto de garantías que tiene un gobernado cerrándose únicamente a la aplicación de un artículo que puede ir incluso en contra de la Constitución como ya se ha señalado.

Entendida a la hermenéutica jurídica como un arte y no únicamente como un proceso rígido de aplicar un determinado artículo a determinada conducta podemos hacer referencia a un ejemplo que permite observar una aplicación de la hermenéutica jurídica profunda ilustrando que no siempre la interpretación gramatical

---

84 ATIENZA, Manuel, *Cuestiones judiciales,* México, Fontamara, 2001, pp. 105-107 Citado en CÁRDENAS GRACIA, Jaime, *op. cit.*, nota 29, p. 9.

es la que se debe de aplicar, sino que en un caso concreto se debe analizar cuál es el método de interpretación que de acuerdo con la materia permite la ley. A continuación, se analiza el contenido medular del considerando quinto de la sentencia de un Juicio de Revisión Constitucional en materia Electoral, en el que fue tercero interesado el ciudadano Herminio Ventura. Dicho contenido, en lo que interesa, se irá analizando fragmentadamente para observar el nivel de desarrollo de hermenéutica jurídica en un caso práctico.

Una forma de clasificar las etapas de la interpretación es la siguiente:

1) Preinterpretativa, instancia en la que se analizan los materiales jurídicos;

2) Interpretativa, en ésta el intérprete debe poseer una teoría que le garantice la mejor manera de abordar el material jurídico, y

3) Postinterpretativa o reformadora, que consiste en que, una vez identificado el valor, se muestra su objeto en la forma más eficiente.[85]

Para ejemplificar lo anteriormente mencionado, se analizará el considerando quinto de la sentencia de Herminio Ventura, misma que en un ejercicio de aplicación del derecho actual se observa lo siguiente:

> QUINTO. Por método, en primer lugar, se analizarán los motivos de inconformidad que aduce el Partido Acción Nacional en los puntos 1, 2 y 3 del agravio marcado con el número II. Después se examinará lo alegado en el punto 4 del propio agravio II y, finalmente, se estudiará el motivo de queja señalado con el número I.
>
> En el agravio II, el partido actor sostiene, que la resolución reclamada es ilegal porque en ella, sobre la base de consideraciones inexactas y carentes de fundamentación y motivación, el Tribunal Local Electoral de Aguascalientes determinó indebidamente, que

[85] MORALES HERNÁNDEZ, Manuel, *op. cit.*, nota 39, p. 55.

Herminio Ventura Rodríguez no se encontraba en el supuesto de inelegibilidad, previsto en la fracción III del artículo 20 de la Constitución Política del Estado de Aguascalientes, para ocupar el cargo de diputado por el principio de representación proporcional.

Según el actor, la interpretación gramatical y sistemática del artículo 20, fracción III, de la Constitución Política del Estado de Aguascalientes permite concluir, que el supuesto de inelegibilidad se colma, por el sólo hecho de que una persona haya sido condenada por delito intencional y se le haya impuesto una pena privativa de libertad, independientemente de que la pena haya sido o no ejecutada, puesto que lo que se protege con el referido supuesto de inelegibilidad es el debido desempeño del cargo de diputado. Por lo que, afirma el actor, si está demostrado que Herminio Ventura Rodríguez fue condenado por delito intencional y, en virtud de esa condena, se le impuso una pena privativa de libertad, es evidente que de acuerdo con lo dispuesto en la fracción III del artículo 20 de la Constitución Política del Estado de Aguascalientes, dicha persona no puede ocupar el cargo de diputado.

En la resolución impugnada, el tribunal responsable consideró, que si bien era cierto que Herminio Ventura Rodríguez fue condenado por delito intencional, a sufrir pena privativa de libertad, también lo era, que la hipótesis de inelegibilidad prevista en la fracción III del artículo 20 de la Constitución Política del Estado de Aguascalientes no era aplicable al caso, ya que la pena privativa de libertad impuesta a Herminio Ventura Rodríguez no estaba surtiendo efectos al momento en que se decidió sobre su elegibilidad, como candidato a diputado por el principio de representación proporcional.

Al comparar lo aducido por el Partido Acción Nacional en la demanda con las consideraciones que sustentan la resolución impugnada se advierte, que la controversia en el presente juicio de revisión constitucional se circunscribe a determinar, cuál es el sentido que se le debe dar al texto del artículo 20, fracción III, de la Constitución Política del Estado de Aguascalientes, pues para el partido actor, la sola circunstancia de que Herminio Ventura Rodríguez haya sido condenado a sufrir pena privativa de libertad, por la comisión de delito intencional, es suficiente para que dicha persona no pueda ser electa al cargo de diputado, en ningún momento posterior a esa condena, en tanto que el tribunal responsable estima, que si al momento en que se decidió sobre la elegibilidad de Herminio Ventura Rodríguez, como candidato a diputado por el principio de representación proporcional, la pena privativa de libertad, materia de la condena, no estaba surtiendo efectos, era evidente que la hipótesis de inelegibilidad prevista en el artículo 20, fracción III, de la Constitución Política del Estado de Aguascalientes, no se surtía en este caso.

Planteadas así las cosas, esta Sala Superior del Tribunal Electoral del Poder Judicial de la Federación considera, que no le asiste razón al partido actor.

Para demostrar lo anterior es necesario analizar el contenido del artículo 20, fracción III, de la Constitución Política del Estado de Aguascalientes. Dicho precepto dispone:

Artículo 20. No pueden ser electos Diputados:

(...) III. Los individuos que hayan sido condenados por delito intencional a sufrir pena privativa de libertad; y (...)"

El texto transcrito se presta para que a la expresión: "los individuos que hayan sido condenados por delito intencional a sufrir pena privativa de libertad", admita ser entendida en dos diversos sentidos, tal y como lo ponen de manifiesto las dos distintas posiciones asumidas, tanto por el partido actor, como por el tribunal responsable.

La diferencia en esas dos distintas posiciones encuentra explicación, en el realce que sus autores dan a los diferentes verbos contenidos en el texto del precepto.

El actor pone énfasis a la expresión "hayan sido condenados". Por este motivo, para el demandante, basta con el hecho de que se haya dictado una sentencia que condene a la privación de la libertad, por la comisión de un delito intencional, para que la persona contra la cual se haya pronunciado tal fallo condenatorio se torne inelegible para ocupar el cargo de diputado. En esta concepción, una sentencia con tales características produce por sí sola el efecto de que, el afectado con el fallo no pueda ser electo diputado, en ningún momento posterior al dictado de la propia resolución.

Ubicado en otro punto de vista, el tribunal responsable toma implícitamente como base de la interpretación del precepto que se analiza: "sufrir pena privativa de libertad". Por este motivo, para determinar la elegibilidad del candidato, lo trascendente para dicha autoridad es establecer, si en el momento en que se debe decidir sobre esa elegibilidad, la persona se encuentra sufriendo la pena privativa de libertad. Si en ese momento, la condena se encuentra en ejecución, el candidato es inelegible; pero si, por el contrario, la condena se encuentra extinguida, la hipótesis de inelegibilidad de que se trata, no se surte.

Para dilucidar cuál de las dos posiciones mencionadas es la apegada a derecho se recurre, en primer lugar, a la interpretación gramatical, en los términos previstos en el artículo 2, párrafo 1, de la Ley General del Sistema de Medios de Impugnación en Materia Electoral y 3 del Código Electoral del Estado de Aguascalientes.

Constituye una parte fundamental del texto de la fracción III del artículo 20 de la Constitución Política del Estado de Aguascalientes, la expresión verbal "hayan sido condenados".

Esta expresión se encuentra redactada en el pretérito perfecto del modo subjuntivo, tiempo verbal que se utiliza para describir una acción acabada en el pasado, o bien, una acción terminada en un período alejado del presente, cuyas consecuencias perduran todavía.

Se debe tener en cuenta, que las expresiones redactadas en el pretérito perfecto del subjuntivo admiten ser presentadas también, entre otros, en el tiempo pretérito perfecto compuesto del modo indicativo, en el cual, se expresan acciones pasadas que guardan relación con el presente.

Efectivamente, de acuerdo con la gramática de la lengua española (Real Academia Española [Comisión de Gramática] "Esbozo de una nueva gramática de la lengua española", editorial ESPASA-CALPE. Madrid, 1974, y Basulto, Hilda. "Diccionario de verbos", editorial Trillas, México, 1991) el pretérito perfecto del subjuntivo corresponde al pretérito perfecto compuesto y al futuro perfecto del indicativo. Dicho modo suele depender de otro verbo, ya sea en presente o futuro del modo indicativo, es decir, es admisible que el verbo se utilice en subjuntivo o en indicativo.

Así, se puede sostener válidamente, que la expresión, "los individuos que hayan sido condenados por delito intencional a sufrir pena privativa de libertad", equivale también gramaticalmente a la expresión: los individuos que han sido condenados por delito intencional a sufrir pena privativa de libertad.

Dichas expresiones conectadas con la oración no pueden ser electos diputados, se podrían entender en cualquiera de los dos sentidos precisados en párrafos anteriores, ya que, de acuerdo con su estructura gramatical, la acción pasada a la que se refiere "hayan sido condenados" se puede entender en un pasado sin límite de tiempo, o bien, en un pasado cuyos efectos perduran aún (al momento de decidir sobre la elegibilidad).

Además, lo anterior debe relacionarse con la expresión "sufrir pena privativa de libertad", que encierra la idea de ejecución de la condena correspondiente.

Por tal motivo, desde un punto de vista gramatical, el texto del precepto en comento comprende:

A) A los individuos que en el momento en que se decide sobre la elegibilidad se encuentran sufriendo la pena privativa de libertad a que fueron condenados, por la comisión de un delito intencional; y

B) A los individuos que en el momento en que se decide sobre la elegibilidad no se encuentran sufriendo la pena privativa de libertad a que fueron condenados, por la comisión de un delito intencional, lo cual se puede deber, por ejemplo, a que la sentencia condenatoria se dictó en una época muy anterior al referido momento en que se decide sobre la elegibilidad, de manera que la pena quedó compurgada, prescrita, etcétera.

En párrafos precedentes quedó asentado, que las distintas posiciones de las partes respecto a la intelección de la fracción III del artículo 20 de la citada constitución local obedecía al realce que se diera a las expresiones que se relacionaran, bien con el dictado de la sentencia ("hayan sido condenados") o bien, con la ejecución de ésta ("sufrir pena privativa de libertad").

Ha quedado de manifiesto que el tiempo y modo verbales, utilizados en la expresión "hayan sido condenados", se presta para entender el sentido del precepto de las dos maneras precisadas anteriormente en los incisos A) y B).

Consecuentemente, tanto la posición del actor como la del tribunal responsable tendrían algún apoyo en la interpretación gramatical que se le diera al precepto materia de examen.

Esto evidencia la insuficiencia de la interpretación gramatical para sustentar exclusivamente en ella, el sentido de la fracción III del artículo 20 de la Constitución Política del Estado de Aguascalientes.

Hay que tener en cuenta que, en materia de interpretación, el aspecto gramatical no debe prevalecer, sino hay que tomarlo con reservas cuando, entre otras situaciones, ocurre lo siguiente:

1 El texto examinado sobre la base exclusiva de una interpretación gramatical admite ser entendido en varios sentidos.

2) El sentido gramatical que se haya intelegido no es lógico.

3) El sentido extraído de la interpretación gramatical pugna con lo dispuesto en otros preceptos, de manera que, si se aceptara, no habría unidad en el sistema.

Al aplicar lo anterior al presente caso, se encuentra que, por su redacción, el texto del precepto constitucional que se examina abarca los dos sentidos precisados en los incisos a) y b). Para el tribunal responsable, la causa de inelegibilidad de que se trata comprende exclusivamente a las personas a que se refiere el inciso a), es decir, las que, en el momento de decidir sobre la elegibilidad, se encuentran sufriendo pena privativa de la libertad, en virtud de una sentencia condenatoria dictada en su contra. En consecuencia, según dicho tribunal, en el precepto que se analiza no están comprendidas las personas que se hallen en el caso del inciso b). Esto en virtud de que, para el tribunal responsable, lo trascendente de la norma es el sufrimiento de la pena, es decir, la ejecución de la condena. Por tanto, este es el aspecto que el citado órgano jurisdiccional toma como punto de partida para la intelección del precepto.

Por el contrario, para el actor, aun cuando en el momento en que se decida sobre la elegibilidad del candidato, la pena privativa de libertad a que hubiera sido condenado, ya estuviera extinguida, de todos modos, en concepto del demandante, tal candidato sería inelegible, porque el elemento trascendente del precepto es la existencia de la sentencia condenatoria sobre privación de libertad, por la comisión de un delito intencional.

Ambos puntos de vista tendrían algún apoyo en las palabras utilizadas en el texto del precepto, sobre todo en los verbos. Por este motivo, la interpretación gramatical de la disposición no representa gran ayuda para desentrañar su sentido.

Las consecuencias que traen consigo los diferentes puntos de vista de las partes ponen de manifiesto, que el sostenido por el actor no es lógico ni jurídico.

En efecto, en concepto del demandante, el sentido de la fracción III del artículo 20 de la Constitución Política del Estado de Aguascalientes implica que, basta con que alguna vez se haya dictado sentencia condenatoria de privación de libertad, por la comisión de un delito intencional, para que la persona contra la cual se hubiera dictado tal fallo, ya no se encuentre en condiciones de ser elegida para el cargo de diputado.

Esta interpretación genera la siguiente consecuencia: con motivo de una sentencia condenatoria privativa de libertad, la persona contra la cual se dicta tal fallo queda suspendida en sus derechos políticos durante el tiempo que dure esa pena (artículo 40 del Código Penal para el Estado de Aguascalientes). Cuando concluye el tiempo que debe durar la pena, la persona condenada queda rehabilitada en el goce de esos derechos políticos. Por tanto, la suspensión de los derechos políticos se produce solamente durante el tiempo que dure la pena privativa de libertad. Ningún fundamento habría para estimar, que esa suspensión debe prolongarse más allá del tiempo que dure la sanción.

Sin embargo, la manera en que el actor entiende el artículo 20, fracción III, de la Constitución Política del Estado de Aguascalientes implica, que los efectos de una pena privativa de libertad, en lo atinente a derechos políticos, se extenderían más allá del tiempo fijado para la duración de la sanción privativa de libertad. Esto es, si por ejemplo, la pena privativa de libertad, por la comisión de un delito intencional, fue fijada para que durara un año y este plazo ya transcurrió y, por otra parte, diez años después, la persona a quien le fue impuesta tal pena es postulada para ocupar el puesto de diputado, si se tratara de decidir sobre su elegibilidad, para el demandante, lo dispuesto en el precepto constitucional citado haría inelegible a esa persona, porque según su modo de pensar, habría sido suficiente la existencia de la sentencia condenatoria privativa de libertad, por la comisión de un delito intencional, para que se considerara surtida la hipótesis contenida en la propia disposición.

Sin embargo, si se adoptara esta manera de pensar del actor, tal decisión implicaría, que la suspensión de los derechos políticos de la persona del ejemplo no duró solamente un año (el tiempo de la condena privativa de libertad) sino que esta suspensión se está prolongando más de ese tiempo, tan es así, que esa persona no podría ser elegida para ocupar el cargo de diputado. Lo grave de esta situación es que no hay un fundamento legal que justifique esa prolongación de la sanción, porque los efectos de la condena, según el ejemplo, sólo debieron durar un año.

Con la manera de pensar del actor se infringiría el artículo 38, fracciones III y VI, de la Constitución Política de los Estados Unidos Mexicanos, porque conforme a estas fracciones, los derechos o prerrogativas de los ciudadanos sólo se suspenden durante la extinción de una pena corporal, o bien, en virtud de la sentencia que imponga como pena esa suspensión; pero es claro que, en este último caso, la suspensión dura el preciso término fijado en la sentencia y no más.

Por tanto, queda de manifiesto que el punto de vista del actor conduce a una conclusión ilógica y contraria a derecho.

No sólo eso, sino que tal punto de vista del demandante conduce a que algunos preceptos del sistema no surtan plenos efectos.[86]

---

86 Sala Superior del Tribunal Electoral del Poder Judicial de la Federación, *Sentencia Partido Acción Nacional/ Herminio Ventura*, http://sjf.scjn.gob.mx/IusElectoral/Documentos/Sentencias/SUP-JRC-204-2001.pdf, [consulta: 9 de enero, 2023].

En los razonamientos anteriormente citados el operador jurídico deja de lado la interpretación gramatical fundando su decisión principalmente en tres aspectos que presenta el término referido de "hayan sido condenados". El primero señalado es que puede tener diversas connotaciones, el segundo es que no es lógico y el tercero es que va en contra de otros derechos y del mismo complejo de normas al que pertenece dicho artículo. En el primer aspecto se refiere a que la palabra puede ser entendida de diversas formas por ello se crea una confusión en cuanto a su manera de aplicar y por tal razón no puede ser interpretada de manera gramatical.

En el segundo aspecto señala que no es lógica la disposición, pues al manifestar "hayan sido condenados", se puede entender que priva de por vida a la persona del derecho de elegibilidad. En el tercer aspecto señala que va en contra de los demás preceptos legales del sistema normativo que se pretende aplicar. En este punto me quiero detener un poco más en su análisis. Se observa que el operador jurídico no está viendo de manera aislada al artículo que se pretende aplicar, pues de verlo así, se privaría del derecho de elegibilidad, entonces, en ese entendido, el operador jurídico atiende a las garantías de Herminio, señalando que si bien una persona al momento de ser condenada por delito intencional es privada de la libertad, mientras compurga la pena, son suspendidos sus derechos políticos, sin embargo, una vez purgada la pena, es decir, una vez que la persona que cometió el delito, pago a la sociedad el delito cometido, se le restituyen sus derechos, entre ellos los políticos. De igual forma el operador jurídico señala que no existe fundamento jurídico dentro del complejo de normas, que sustente el hecho de que una persona, aun habiendo purgado su condena y declarado el cumplimiento de la misma por el órgano judicial competente sustente que los derechos políticos se suspenden de por vida al infractor. Por tales razones el operador jurídico determina que no es procedente aplicar la interpretación gramatical pues de aplicarse se iría en contra del complejo de normas aplicado y se vulnerarían las garantías de Herminio, concluyendo el tribunal lo siguiente:

En conclusión, la interpretación gramatical de dicho precepto, en la cual se da realce a la expresión "que hayan sido condenados"; pero entendida como una acción acabada, conduce a una consecuencia ilógica, contraria a derecho y asistemática; por tanto, es patente que la intelección de la citada disposición propuesta por el actor, no debe ser acogida.[87]

---

87 *Idem*, p. 41.

La conclusión anterior da pauta a que el tribunal proponga una interpretación que observe mayores elementos al momento de resolver, una interpretación que no sea simplemente el apego a la letra del artículo que se pretende hacer valer, haciéndolo de la siguiente forma:

> la interpretación propuesta por el tribunal responsable sí es lógica y conduce a situaciones acordes con el sistema legal en materia de derechos políticos.
>
> Como quedó anotado, el tribunal responsable centra implícitamente su interpretación en el elemento "sufrir pena privativa de libertad", asentado en la última parte de la fracción III del artículo 20 de la Constitución Política del Estado de Aguascalientes. Por este motivo, dicho órgano jurisdiccional entiende que, si en el momento de decidir sobre la elegibilidad de un candidato, la pena privativa de libertad a que hubiera sido condenado, por la comisión de un delito intencional, ya se encontrara extinguida, la hipótesis de inelegibilidad prevista en el citado precepto, no se surtiría en tal caso.
>
> Esta interpretación presupone la existencia de una sentencia condenatoria de pena privativa de libertad, por la comisión de un delito intencional; pero el surtimiento de la hipótesis del precepto depende, de que los efectos de esa pena privativa de libertad subsistan aún en el momento en que se decide sobre la elegibilidad del candidato. De esta manera, si esos efectos se encuentran todavía vigentes, el candidato es inelegible, lo cual es lógico, porque es patente que alguien que debe cumplir una sentencia privativa de libertad, por estar en prisión, está imposibilitado material y jurídicamente para desempeñar el cargo de diputado. En cambio, si la pena privativa de libertad ya quedó extinguida, el candidato sería elegible, lo que también es explicable, porque en conformidad con lo expuesto anteriormente, una vez extinguida la pena privativa de libertad, la persona afectada con la sentencia condenatoria queda rehabilitada en el goce de sus derechos políticos y, por tanto, no hay obstáculo material ni jurídico para que pueda desempeñar el cargo de elección popular.
>
> Ya quedó también asentado, que el tiempo verbal en que se encuentra expresada la frase "hayan sido condenados", no sólo da a entender una acción ya acabada, sino también, una acción dada en el pasado, pero cuyos efectos se prolongan en el presente. Por tanto, no se va contra el texto de la fracción III del artículo 20 de la Constitución Política del Estado de Aguascalientes, si se determi-

na, que el sentido del precepto se refiere al individuo que pretende ser diputado, contra quien se dictó sentencia condenatoria, privativa de libertad, por la comisión de un delito intencional; pero en un momento tal, que la duración de la pena privativa de libertad ya no subsiste cuando se decide sobre su elegibilidad.

Este es el sentido adecuado del precepto que se analiza, porque en primer lugar es acorde con el texto de la propia disposición. En segundo lugar, conduce a una situación lógica, según ha quedado demostrado con anterioridad. Además, encaja perfectamente con lo preceptuado en otras normas del sistema, por ejemplo, los artículos 12, fracción II, de la Constitución Política del Estado de Aguascalientes, 35, fracción II y 38, fracciones III y VI, de la Constitución Política de los Estados Unidos Mexicanos, porque si la persona contra quien se dictó sentencia condenatoria privativa de libertad, ya cumplió con la pena impuesta, o bien, tal pena quedó extinguida por cualquier otro de los medios previstos en la ley, es patente que esa persona quedó rehabilitada en el goce de sus derechos políticos, lo que la hace apta para ser elegida como diputado del Congreso del Estado de Aguascalientes.

Por todas estas razones, es por lo que debe desestimarse el punto de vista del actor y acogerse la posición del tribunal responsable.

No es obstáculo a esta conclusión la invocación del principio que prevé, que en donde la ley no distingue no le está permitido al intérprete hacer alguna distinción. A este respecto se estima, que en el presente caso no es aplicable este principio, porque no está demostrado que el precepto que se analiza tenga un solo sentido, puesto que ya quedó patentizado que, por su redacción, puede admitir los dos sentidos que han quedado precisados; de ahí que no sea válido invocar el referido principio en este caso. Además, ya quedó demostrado que el sentido propuesto por el actor conduce a situaciones ilógicas, antijurídicas y asistemáticas, lo cual no ocurre con el punto de vista propuesto por el tribunal responsable.

Tampoco es obstáculo a la conclusión a que se arribó, la distinción que hace el actor entre lo que es una sentencia y su ejecución. Contrariamente a lo que aduce tal demandante, la interpretación propuesta por el tribunal responsable no tiene como fundamento, la afirmación de que la sentencia condenatoria hubiera sido invalidada o privada de efectos. Lo que en realidad hace notar el tribunal responsable es que, en el momento en que se decidió sobre la elegibilidad del candidato, estaba demostrado que la pena privativa de libertad había quedada extinguida tiempo atrás y que, por tanto, dicho candidato se encontraba en pleno goce de sus derechos políticos, entre ellos el derecho a ser votado para el cargo de diputado. Además, ha quedado demostrado, que es válido que se tome en cuenta lo inherente a la ejecución de la sentencia condenatoria a pena privativa de libertad, para encontrar el sentido del precepto en comento, que resulte más apegado a derecho.

En contra de lo que se lleva dicho no es válido aducir, como lo hace el actor, que el "espíritu del constituyente" fue el de establecer como causa de inelegibilidad, la simple circunstancia de que la persona hubiera sido declarada culpable de la comisión de un delito intencional y que, por ello, se le impusiera pena privativa de libertad. A este respecto se estima que tal alegación no es más que una apreciación subjetiva del demandante, la cual no es atendible, porque no está respaldada en algún elemento que le dé validez, como pudiera ser, por ejemplo, una cita en la exposición de motivos de la norma, el dictamen de una comisión del constituyente, etcétera. De ahí que no exista base alguna que apoye el punto de vista del actor, por lo que dicha alegación es inatendible.

La tesis relevante de esta sala superior, identificada con el rubro de "INELEGIBILIDAD. EL PERDÓN DE LA PENA OTORGADO POR EL EJECUTIVO ES INSUFICIENTE PARA DEJAR SIN EFECTO LA CAUSA DE (LEGISLACIÓN DE CHIAPAS)", no es aplicable al presente caso, porque interpreta un precepto que tiene un texto distinto al de la fracción III del artículo 20 de la Constitución Política del Estado de Aguascalientes. Dicha tesis interpreta el artículo 22, fracción VII, de la Ley Orgánica Municipal del Estado de Chiapas, que dice:

Artículo 22. Para ser miembro de un ayuntamiento se requiere:

(...)VII. No haber sido sujeto de jurisdicción penal ni sentencia condenatoria con cinco años de antelación a la elección y, no estar sujeto a causa penal alguna por delito intencional (...).

El texto transcrito es completamente diferente al artículo de la constitución local materia de examen, porque en el Estado de Chiapas, de manera expresa, se hace referencia a la sujeción de jurisdicción penal y al dictado de una sentencia condenatoria, sin que se haga mención a alguna palabra que relacione esos elementos con la ejecución de una pena privativa de libertad, lo cual es distinto al caso que se analiza, en donde en la fracción III del artículo 20 de la Constitución Política del Estado de Aguascalientes se hace mención a "sufrir pena privativa de libertad", lo cual permite involucrar en la interpretación del precepto, lo inherente a la ejecución de la pena privativa de libertad.

Lo alegado por el Partido Acción Nacional en el punto 2 del agravio II es inatendible, porque tal alegación se sustenta en la premisa de que el tribunal responsable resolvió cuestiones que no fueron sometidas a su consideración, específicamente, lo inherente a la consideración de que a Herminio Ventura Rodríguez no se le impuso como pena en la sentencia condenatoria dictada en su contra, la suspensión de sus derechos políticos.

Tal premisa es inexacta.

La simple lectura del recurso de inconformidad interpuesto por el entonces actor Herminio Ventura Rodríguez evidencia, que lo relativo a la suspensión de derechos del ciudadano referido, sí le fue planteada al tribunal responsable.

En efecto, en el hecho 4 y en el inciso d) del agravio 3 del recurso de inconformidad interpuesto por Herminio Ventura Rodríguez se advierte, que el entonces recurrente adujo conculcación a distintos preceptos constitucionales y legales, entre otras causas, porque a pesar de que en la sentencia que lo condenó con pena privativa de libertad no se determinó como pena individualizada, la suspensión de sus derechos políticos, en la resolución impugnada (acuerdo del Consejo General del Instituto Estatal Electoral de Aguascalientes) dicho órgano determinó limitarlo en su derecho de ser votado. En concepto del entonces promovente, al no existir esa pena, era evidente que no se le podía condenar de por vida a no ejercer sus derechos políticos.

Como se puede apreciar, el pronunciamiento que hizo el tribunal responsable sí tuvo como causa un agravio planteado en el recurso de inconformidad. En esas circunstancias es evidente, que lo aducido por el partido actor (en el sentido de que lo relativo a que a Herminio Ventura Rodríguez no le fue impuesta condena a la privación de derechos políticos no formó parte de la litis planteada ante el tribunal responsable) se sustenta en una inexactitud; de ahí que la alegación que se examina sea inatendible.

En el punto 3 del agravio II, el partido actor aduce indebida motivación de la sentencia reclamada porque, afirma, el tribunal responsable sustentó su resolución en razonamientos doctrinarios incorrectos, como son los siguientes:

1. El tribunal responsable confundió lo que significa el acto formal de sentencia y la individualización de la pena, con el acto material de ejecución o inejecución de ésta, al sostener, que al haber sido extinguida la condena, no se surtía la hipótesis prevista en la fracción III del artículo 20 de la Constitución Política del Estado de Aguascalientes.
2. El tribunal responsable hizo un análisis incorrecto de los fines del sistema de justicia penal mexicano, ya que no tomó en

cuenta, que después de las reformas constitucionales de mil novecientos noventa y cuatro, se estableció en México un sistema jurídico penal, cuyo fin es castigar a los infractores de la ley, independientemente de la readaptación o reinserción del delincuente a la sociedad.

El primer motivo de inconformidad es inoperante, porque independientemente de que el tribunal responsable haya elaborado defectuosamente, desde el punto de vista formal, su resolución, lo cierto es que, la conclusión a la que arribó es ajustada a derecho, de acuerdo con lo que quedó establecido anteriormente.

El segundo motivo de queja es también inoperante, porque la argumentación formulada por el actor está encaminada a demostrar a final de cuentas, que una cosa es la sentencia condenatoria privativa de libertad y otra diferente es la ejecución del fallo, para arribar a la conclusión de que, aunque la pena privativa de libertad esté extinguida, tal circunstancia no torna en inexistente a la sentencia. Sin embargo, ya quedó establecido que en la interpretación de la fracción III del artículo 20 de la Constitución Política del Estado de Aguascalientes, propuesta por el tribunal responsable, en momento alguno se parte de la base de que se desconozca la existencia de una sentencia condenatoria, sino que lo fundamental es que, lo que se realza en la interpretación de dicho precepto, es lo inherente a la ejecución y a la duración de sus efectos. Por tanto, la alegación del actor en nada afecta a la conclusión a que antes se arribó.

En consecuencia, no existe base legal alguna para estimar, que la resolución impugnada adolece de la indebida motivación que alega el partido actor.

En el punto 4 del agravio II de la demanda, el Partido Acción Nacional aduce ilegalidad de la resolución reclamada porque, en su concepto, si el tribunal responsable hizo prevalecer la supremacía del artículo 38 de la Constitución Política de los Estados Unidos Mexicanos en lo sustentado en el considerando X de la sentencia reclamada, es claro que dicho órgano ejerció indebidamente control constitucional, no obstante que "el tribunal es únicamente de legalidad".

Según el actor, si el artículo 20, fracción III, de la constitución local no ha sido declarado inconstitucional, ni esta sala superior lo ha considerado inaplicable, a tal precepto debió dársele plenos efectos en la sentencia reclamada y no "hacerlo de lado como de facto sucede".

Lo alegado por el partido promovente es infundado.

Si el actor se refiere a que en términos del artículo 133 de la Constitución Política de los Estados Unidos Mexicanos "...Los jueces de cada Estado se arreglarán a dicha Constitución, leyes y tratados a pesar de las disposiciones en contrario que pueda haber en las Constituciones o leyes de los Estados", el tribunal responsable inaplicó, por inconstitucional, el artículo 20, fracción III, de la Constitución Política del Estado de Aguascalientes, el texto de la sentencia reclamada evidencia claramente, que dicho órgano jurisdiccional sí aplicó tal precepto de la constitución local, sin que su actuación implicara el ejercicio de un control difuso de la constitución.

En efecto, para que se pueda afirmar que una autoridad jurisdiccional local realiza funciones de control constitucional al resolver un caso, en términos del precepto transcrito de la carta magna, es necesario que dicha autoridad:

a) Se encuentre ante una situación en la que un caso concreto encuadre en la hipótesis de un precepto que forme parte de un ordenamiento local y que, por tanto, en principio, tal precepto deba ser aplicado;
b) Sin embargo, al hacer comparación entre ese precepto con lo previsto en la Constitución Política de los Estados Unidos Mexicanos advierta que existe una contradicción;
c) Declare que el precepto del ordenamiento local es contrario a la Constitución Política de los Estados Unidos Mexicanos y, en consecuencia,
d) Emita decisión al respecto y, por ende, deje de aplicar la norma local al caso concreto, por considerarla inconstitucional y, en cambio, aplique el artículo constitucional correspondiente.

Si estos elementos se dan en una resolución, entonces se puede afirmar, que la autoridad jurisdiccional local ejerció control constitucional al resolver; pero si en la resolución reclamada no se presentan los elementos mencionados, es claro que no se podría sostener, que dicha autoridad realizó control constitucional al resolver el caso.

En la especie, en el considerando X de la resolución combatida el tribunal responsable sostuvo, que las condenas surten sus efectos jurídicos, en tanto estén vigente las penas aplicadas en ellas, por lo que, una vez cumplidas las penas, los efectos de éstas se extinguen. Sobre esa base el tribunal responsable determinó, que, si la pena impuesta a Herminio Ventura Rodríguez se canceló, en ese caso surtió efectos lo dispuesto en la jurisprudencia cuyo rubro es el siguiente: ARTÍCULO 38 DE LA CONSTITUCIÓN FEDERAL.

LA FALTA DE UN ORDENAMIENTO QUE LO REGLAMENTE NO IMPIDE SU PLENA APLICACIÓN.

Como se ve, opuestamente a lo manifestado por el partido actor, el tribunal responsable no ejerció control constitucional alguno, pues no hizo comparación alguna entre lo dispuesto en el artículo 20, fracción III, de la Constitución Política del Estado de Aguascalientes, con lo previsto en el artículo 38 de la Constitución Política de los Estados Unidos Mexicanos. Tampoco hizo manifestación alguna, tendente a evidenciar, que entre ambos artículos existía contradicción ni declaró la inconstitucionalidad del artículo 20, fracción III, referido o lo dejó de aplicar, por considerar que era inconstitucional.

Lo que realmente hizo el tribunal responsable en el considerando X fue estimar, que en el caso no se surtía la hipótesis prevista en la fracción III del artículo 20 de la constitución local, porque en el momento en que se decidió sobre la elegibilidad del Herminio Ventura Rodríguez, no se encontraba vigente la pena privativa de libertad que años antes le fue impuesta.

Esto es, el tribunal responsable se concretó a invocar la fracción III del artículo 20 constitucional; en seguida realizó una interpretación del precepto; a este respecto estableció que su sentido implicaba que, si al momento de decidir sobre la elegibilidad de un candidato se encontraban todavía en ejecución la pena privativa de libertad que hubiera sido impuesta a éste, por la comisión de un delito intencional, tal candidato era inelegible; por otra parte, dicha autoridad se percató implícitamente de que la interpretación dada al citado artículo de la constitución local armonizaba, entre otros, con el artículo 38 de la Constitución Política de los Estados Unidos Mexicanos; por último, determinó que la hipótesis de dicho precepto no se surtía en el presente caso, porque la pena privativa de libertad a que fue condenado Herminio Ventura Rodríguez había quedado extinguida con bastante anterioridad al momento en que se decidió sobre la elegibilidad de dicho candidato.

Esto de modo alguno se traduce en la decisión de inaplicar el referido artículo de la constitución local, por una supuesta oposición del propio precepto con alguna disposición de la Constitución Política de los Estados Unidos Mexicanos, porque no procedió de la manera descrita en los cuatro incisos indicados anteriormente, para que pudiera hablarse de que una autoridad local realizó un control difuso de la constitución.

Consecuentemente, si está evidenciado que el tribunal responsable no realizó ninguna actividad tendente a ejercer control constitucional, es patente que lo alegado por el partido actor se sustenta en una inexactitud; de ahí que la alegación se considere inatendible.

> Las afirmaciones del actor respecto a que la sentencia reclamada adolece de falta de fundamentación y motivación, así como que en ella se invocan resoluciones que nunca fueron emitidas por la autoridad competente (juez penal), se sustentan en la premisa fundamental de que los planteamientos formulados en el punto II de los agravios son fundados; pero como esto no es así, tal inexactitud produce la invalidez de las referidas aseveraciones.
>
> Por último, lo manifestado por el partido actor en el agravio I es inatendible, porque la inobservancia al principio de legalidad aducida, la hace depender del éxito de los motivos de inconformidad expuestos en la demanda; pero como tales motivos de inconformidad fueron desestimados por esta sala, es patente que la afirmación sobre la inobservancia al principio de legalidad queda sin sustento alguno; de ahí lo inatendible del agravio.[88]

Es importante observar en su totalidad el considerando quinto de la sentencia en análisis por dicha razón se presenta en el presente trabajo de forma íntegra, pues la forma en la que la autoridad que resuelve argumenta el contenido da pauta para observar las corrientes jurídicas operando en un aspecto factico y ya no nada más teórico, que en muchas ocasiones es el gran problema de muchas teorías, que solo se quedan en un aspecto teórico sin poder ser aplicables en un aspecto fáctico, situación que no ocurre en el considerando analizado. De los razonamientos contenidos en el considerando quinto se desprende una aplicación de la hermenéutica jurídica, empleando un análisis profundo para determinar la resolución de la controversia, destacando en todo momento el por qué no es conveniente aplicar la interpretación gramatical y por qué sí es conveniente en este caso aplicar la interpretación funcional. Se observa que se aplican juicios de ponderación, así como elementos de la lógica. Por ello se enfatiza que no se puede emplear la interpretación gramatical, pues en el caso de aplicarse, se dejaría de lado los demás elementos analizados, siendo una interpretación (la gramatical) inacabada e inadecuada en determinados casos.

---

88 *Ibidem*, pp. 41–54.

La anterior sentencia utilizada como ejemplo para observar diversos tipos de interpretación es idónea para nuestro análisis, la crítica que le hago es que se aplicaron los elementos en un caso donde intervienen fines políticos y que contrasta gravemente con la no aplicación de dichos elementos de interpretación en otro tipo de casos, sin embargo, se pone en evidencia que el derecho requiere de un campo elevado de conocimiento de sí mismo para definir qué es derecho, qué no lo es y sus alcances del mismo.

Relacionado con las formas de interpretación abordadas, se desprende que el formulismo jurídico y las antinomias forman parte de la estructura que se implementará al momento de interpretar es por ello que es prudente abordar dichos conceptos.

c) Otra visión del formalismo jurídico y algunos criterios para solucionar las antinomias

Otra visión del formalismo jurídico

En el presente apartado se hablará de otra visión del formalismo jurídico, para ello es necesario retomar las cuatro distinciones que realiza Norberto Bobbio del mismo. Se observa que: por "formalismo jurídico" se entiende cierta teoría de la justicia y, en particular, lo que "es justo conforme a la ley; injusto lo que se aparta de ella".[89] En esta primera distinción, se establece que la ley de origen es justa por ello se debe apegar a ella, si se aleja la conducta de la ley, es injusta. En segundo lugar, se refiere a una "determinada teoría del derecho, no a una teoría de lo justo".[90] De igual forma en esta concepción se entiende al derecho como un conjunto de normas independientemente de que el contenido de las mismas sea considerado justo o no.

La tercera significación de formulismo jurídico: "alude no a una concepción formal de la justicia, o a la de derecho como

---

89 GARCÍA MÁYNEZ, Eduardo, *op. cit,* nota 24, p. 27.

90 *Ibidem,* p. 30.

simple "forma", sino a la de la ciencia jurídica como disciplina formal".[91] Es decir, la función que realiza es determinar el nivel normativo de la norma que se pretende aplicar. Dicho en otras palabras, estudia qué norma jurídica es jerárquicamente mayor. En cuarto punto se observa que la interpretación formal del derecho: "atribuye al juez un poder meramente declarativo del sentido de los textos".[92] Como ya se había señalado con anterioridad.

Como se ha podido apreciar, cada distinción de las cuatro citadas, van en el sentido de dar a la norma jurídica un valor general. Uno de los pensamientos del formalismo jurídico es que toma en consideración que el legislador prevé diversos aspectos que atienden a la claridad y la justicia al momento de la creación de determinada norma, situación que en el caso de nuestros legisladores es muy cuestionable como ya se analizó en el capítulo correspondiente.

De lo anteriormente citado se establece que el formalismo señala que el juez no puede adentrarse al estudio del grado de justicia de la norma, el juzgador debe limitarse a adecuar la conducta a la norma según el rango de aplicabilidad de la misma atendiendo a su jerarquía como también se analizó en el capítulo correspondiente.

Siguiendo la misma secuencia de ideas se observa un criterio de interpretación equitativa que establece lo siguiente:

> La única proposición válida que puede emitirse sobre la interpretación es la de que el juez en todo caso debe interpretar la ley precisamente del *modo que lleve a la conclusión más justa* para resolver el problema planteado ante su jurisdicción.
>
> Al proceder así, el juez, lejos de apartarse de su obligación de obediencia al orden jurídico positivo, da a esta obligación *su más perfecto cumplimiento.* Esto es así por la siguiente razón: el legislador, mediante las normas generales que emite, se propone lograr el mayor grado posible de realización de la justicia y de los valores por ésta

---

91 *Ibidem*, p. 33.

92 *Ibidem*, p. 34.

implicados, en una determinada sociedad concreta. Tal es, al menos en principio, el propósito de todo orden jurídico positivo, independientemente cuál sea el grado mayor o menor en que haya logrado realizar con éxito ese propósito. El legislador se propone con sus leyes realizar de la mejor manera posible de las exigencias de la justicia. Entonces, si el juez trata de interpretar esas leyes de modo que el resultado de emplearlas en los casos singulares aporte la realización del mayor grado de justicia, con esto, no hace sino servir exactamente al mismo fin que se propuso al legislador. El juez, cuando interpreta las leyes del legislador precisamente de tal manera que la individualización de esas leyes en los casos singulares resulte lo más acorde posible con la justicia, es mucho más fiel a la voluntad del legislador y más fiel a la finalidad que éste propone, que cuando las interpreta de una manera literal, lo cual es un desvarío, o mejor dicho, algo peor, un absurdo, porque interpretación literal es una expresión tan absurda como la de un cuadrado redondo: si es interpretación, no puede ser literal; si es literal, no constituirá interpretación.[93]

De lo anteriormente citado, se puede destacar como lo expresa el autor citado, se coincide plenamente que, si se aplica una ley de forma literal, no existe interpretación, pues no existe un proceso razonado que pueda desarrollar una postura. Por tal razón se reitera que la corriente del formalismo en la actualidad se debe enriquecer con elementos pertenecientes al sistema jurídico en la impartición de justicia.

Algunos criterios para solucionar las antinomias

El formalismo jurídico, como hemos precisado, observa a la ley como un instrumento completo. Sin embargo ¿Qué ocurre cuando existen hechos que la ley no prevé? ¿Qué ocurre cuando las leyes se contrarían? Para poder dar respuesta a estos cuestionamientos, es importante establecer qué se entiende por antinomia.

Se observa que:

(Del griego: "anti", contra: "nomos", ley). Antinomia significa contradicción entre dos tesis que se excluyen mutuamente; pudien-

---

93 RECASÉNS SICHES, Luis, *op. cit.*, nota 13, p. 246.

> do cada una de ellas ser igualmente demostrada de una manera convincente por vía lógica. La noción "antinomia" desempeña un papel importante en el sistema filosófico de Kant, según el cual, al intentar conocer la esencia de las cosas, la razón humana cae inevitablemente en contradicciones insolubles consigo misma. Kant enumera las cuatro antinomias siguientes: "1) *Tesis*: El mudo tiene un *principio* (un límite) en el tiempo y en el espacio; *Antítesis:* El mundo es *infinito* en el tiempo y en el espacio. 2) *Tesis:* Todo en el mundo se compone de lo *simple* (indivisible); *Antítesis:* No hay nada simple, todo es *complejo*. 3) *Tesis:* En el mundo existen *causas libres; Antítesis:* No existe ninguna libertad, todo es *naturaleza* (o sea, necesidad). 4) *Tesis*: En la serie de las causas universales hay algún ser *necesario; Antítesis:* En esta serie no hay nada necesario, todo es casual". Por cuanto en estas antinomias, a su juicio, la tesis es tan demostrable lógicamente como la antítesis, Kant concluyó que la razón es contradictoria. Pero, según Kant, la esencia de las cosas no puede llevar contradicciones implícitas, de donde llegó a la incapacidad de la razón humana para conocer la esencia de las cosas. En la teoría de las antinomias, Kant se acercó a la dialéctica, pero reveló no estar en condiciones de comprender que las contradicciones dialécticas en el pensamiento sólo son el reflejo de lo contradictorio en el ser. La dialéctica materialista reconoce el carácter antinómico de todas las nociones de nuestro raciocinio sin excepción, por cuanto toda noción expresa la contradicción objetiva real que lleva implícita cualquier objeto, fenómeno o proceso. "En realidad *cada* noción, cada categoría... es antinómica" (Lenin). Esta circunstancia, sin embargo, no puede servir de demostración de que hay una "discordancia de principio" entre el ser y el pensar; sólo explica el hecho de la contradicción dialéctica de todos los fenómenos y procesos de la Naturaleza.[94]

En el razonamiento anterior se aprecia que para cada tesis existe una contratesis, pues en cada razonamiento existen bases que fundamentan las posturas sostenidas. La antinomia jurídica requiere de dos elementos para que se dé, el primer elemento es que las normas deben pertenecer al mismo ordenamiento y el segundo es que deben pertenecer al mismo ámbito de validez.[95]

---

94 FILOSOFÍA.ORG *Diccionario Soviético de filosofía,* http://www.filosofia.org/enc/ros/antinomi.htm, 2000 [en línea], [consulta: 09 de enero, 2023].

95 *Cfr.* CÁRDENAS GRACIA, Jaime, *op. cit.,* nota 29, p.126.

Cuando las normas que se contraponen son del mismo ordenamiento y de la misma validez, el juzgador se encuentra en una problemática sobre cuál norma elegir para su aplicación.

Si bien la corriente del formalismo jurídico señala que se debe atender a una literalidad de la ley, en este caso ¿cuál es la ley que debe prevalecer sobre la otra? ¿Qué método de interpretación se debe utilizar?

En nuestro derecho mexicano se han utilizado los siguientes criterios para poder resolver las antinomias que se presentan.

> ANTINOMIAS O CONFLICTOS DE LEYES. CRITERIOS DE SOLUCIÓN. La antinomia es la situación en que dos normas pertenecientes a un mismo sistema jurídico, que concurren en el ámbito temporal, espacial, personal y material de validez, atribuyen consecuencias jurídicas incompatibles entre sí a cierto supuesto fáctico, y esto impide su aplicación simultánea. Antes de declarar la existencia de una colisión normativa, el juzgador debe recurrir a la interpretación jurídica, con el propósito de evitarla o disolverla, pero si no se ve factibilidad de solucionar la cuestión de ese modo, los métodos o criterios tradicionales de solución de antinomias mediante la permanencia de una de ellas y la desaplicación de la otra, son tres: 1. criterio jerárquico (lex superior derogat legi inferiori), ante la colisión de normas provenientes de fuentes ordenadas de manera vertical o dispuestas en grados diversos en la jerarquía de las fuentes, la norma jerárquicamente inferior tiene la calidad de subordinada y, por tanto, debe ceder en los casos en que se oponga a la ley subordinante; 2. Criterio cronológico (lex posterior derogat legi priori), en caso de conflicto entre normas provenientes de fuentes jerárquicamente equiparadas, es decir, dispuestas sobre el mismo plano, la norma creada con anterioridad en el tiempo debe considerarse abrogada tácitamente, y por tanto, ceder ante la nueva; y, 3. Criterio de especialidad (lex specialis derogat legi generali), ante dos normas incompatibles, una general y la otra especial (o excepcional), prevalece la segunda, el criterio se sustenta en que la ley especial substrae una parte de la materia regida por la de mayor amplitud, para someterla a una reglamentación diversa (contraria o contradictoria). En la época contemporánea, la doctrina, la ley y la jurisprudencia han incrementado la lista con otros tres criterios. 4. Criterio de competencia, aplicable bajo las circunstancias siguientes: a) que se produzca un conflicto entre normas provenientes de fuentes de tipo diverso; b) que entre

las dos fuentes en cuestión no exista una relación jerárquica (por estar dispuestas sobre el mismo plano en la jerarquía de las fuentes), y c) que las relaciones entre las dos fuentes estén reguladas por otras normas jerárquicamente superiores, atribuyendo —y de esa forma, reservando— a cada una de ellas una diversa esfera material de competencia, de modo que cada una de las dos fuentes tenga la competencia exclusiva para regular una cierta materia. Este criterio guarda alguna semejanza con el criterio jerárquico, pero la relación de jerarquía no se establece entre las normas en conflicto, sino de ambas como subordinadas de una tercera; 5. Criterio de prevalencia, este mecanismo requiere necesariamente de una regla legal, donde se disponga que ante conflictos producidos entre normas válidas pertenecientes a subsistemas normativos distintos, debe prevalecer alguna de ellas en detrimento de la otra, independientemente de la jerarquía o especialidad de cada una; y, 6. Criterio de procedimiento, se inclina por la subsistencia de la norma, cuyo procedimiento legislativo de que surgió, se encuentra más apegado a los cánones y formalidades exigidas para su creación. Para determinar la aplicabilidad de cada uno de los criterios mencionados, resulta indispensable que no estén proscritos por el sistema de derecho positivo rector de la materia en el lugar, ni pugnen con alguno de sus principios esenciales. Si todavía ninguno de estos criterios soluciona el conflicto normativo, se debe recurrir a otros, siempre y cuando se apeguen a la objetividad y a la razón. En esta dirección, se encuentran los siguientes: 7. Inclinarse por la norma más favorable a la libertad de los sujetos involucrados en el asunto, por ejemplo, en el supuesto en que la contienda surge entre una norma imperativa o prohibitiva y otra permisiva, deberá prevalecer esta última. Este criterio se limita en el caso de una norma jurídica bilateral que impone obligaciones correlativas de derechos, entre dos sujetos, porque para uno una norma le puede ser más favorable, y la otra norma favorecerá más la libertad de la contraparte. Para este último supuesto, existe un diverso criterio: 8. En éste se debe decidir a cuál de los dos sujetos es más justo proteger o cuál de los intereses en conflicto debe prevalecer; 9. Criterio en el cual se elige la norma que tutele mejor los intereses protegidos, de modo que se aplicará la que maximice la tutela de los intereses en juego, lo que se hace mediante un ejercicio de ponderación, el cual implica la existencia de valores o principios en colisión, y por tanto, requiere que las normas en conflicto tutelen o favorezcan al cumplimiento de valores o principios distintos; y, 10. Criterio basado en la distinción entre principios y reglas, para que prevalezca la norma que cumpla mejor con alguno o varios principios comunes a las reglas que estén en conflicto. Esta posición se explica sobre la base de que los principios son postulados que persiguen la realización de un fin, como expresión directa de los valores incorporados al sistema jurídico, mientras que las reglas son expresiones generales con menor grado de abstracción, con las que se busca la realización de los principios y valores que las informan; de manera que ante la discrepancia entre reglas tuteladas de los mismos valores, debe subsistir la que mejor salvaguarde a éste, por ejemplo si la colisión existe entre normas de carácter procesal, deberá resolverse a favor de la que tutele mejor los elementos del debido proceso legal.

CUARTO TRIBUNAL COLEGIADO EN MATERIA CIVIL DEL PRIMER CIRCUITO. Amparo directo 293/2009. Jacobo Romano Romano. 4 de junio de 2009. Unanimidad de votos. Ponente: Leonel Castillo González. Secretario: Rubén Darío Fuentes Reyes.[96]

Los argumentos anteriores expresan diversos métodos de interpretar para resolver las antinomias, puedo decir que por importancia, el criterio jerárquico se encuentra por encima del cronológico y por encima del de prevalencia, por las razones que se mencionan y siguiendo ese mismo contexto, toda vez que en el orden jerárquico nuestra Constitución ocupa el lugar de mayor jerarquía y desde dos mil once se encuentra en esa misma jerarquía los tratados internacionales en materia de derechos humanos y si bien el criterio jerárquico se encuentra por encima del cronológico y por encima del criterio de prevalencia, en esa superioridad jerárquica de los tratados internacionales y de la constitución, existe en ordenamiento expreso que en México va a existir un nuevo criterio de interpretación que se va a encontrar jerárquicamente por encima de cualquier otro criterio, el principio *pro persona.*

---

96 Tesis 165344. I.4o.C.220 C., Tribunales Colegiados de Circuito, Novena Época. *Semanario Judicial de la Federación y su Gaceta,* Tomo XXXI, febrero de 2010, p. 2788, http://sjf.scjn.gob.mx/SJFSist/Documentos/Tesis/165/165344.pdf, [consulta: 09 de enero, 2023].

Capítulo IV

Argumentación jurídica

1. PANORAMA GENERAL

a) Objetivo particular del capítulo

En el presente capítulo se analizará la teoría de la argumentación jurídica, sus aspectos generales, así como a algunos de sus principales exponentes. Se estudiarán las funciones de la misma, así como la importancia que tiene para el derecho. Se analizarán diversos tipos de argumentos y la forma de utilización de los mismos. Lo anterior para fundamentar aún más la hipótesis central de la presente investigación.

2. LA TEORÍA DE LA ARGUMENTACIÓN JURÍDICA

a) La teoría de la argumentación jurídica

Aspectos generales de la teoría de la argumentación jurídica

Para poder entender los alcances y efectos de la teoría de la argumentación jurídica es necesario establecer qué es la argumentación jurídica.

Comenzaré señalando que la argumentación jurídica tiene elementos que la caracterizan y que son fundamentales en su integración, uno de ellos es la persuasión misma que se analiza dentro de los aspectos pragmáticos y funcionales de la misma y constituye el soporte para cierto tipo de discursos.

Se puede decir que la persuasión es: "El ejercicio deliberado de una persona o grupo de influir en las actitudes conductas de otros, con el objeto de alcanzar un fin preestablecido".[97] Es decir que la persuasión en determinado punto, forma parte del estudio de la motivación humana, esto es, qué tipo de procesos e impulsos operan en la mente de la persona para actuar de una manera u otra y cuáles son las finalidades por las cuales la persona toma determinadas decisiones y realiza determinadas acciones. La persuasión es un instrumento para influir en la forma de pensar de otros, razón por la cual, necesariamente se debe de encontrar implícita en la argumentación jurídica.

Si bien en las corrientes antiguas de la argumentación se tomaba en consideración a la retórica, la dialéctica y a la persuasión, algunas de las corrientes de la argumentación actuales y con el uso de la lógica como medio de estructuración de los razonamientos y, que a mi juicio, se corre el riesgo de querer hacer tan metódicos y en gran medida tan estructurados y apegados a las reglas de la lógica los razonamientos que se puede caer en el extremo opuesto, es decir sujetar todo razonamiento a las estrictas normas de la lógica, dejando de lado aspectos fundamentales como lo son la retórica, la dialéctica y la persuasión, que también forman parte de la argumentación y que son elementos de suma importancia para la misma.

Platón, que había ya abordado a la argumentación jurídica al igual que otros pensadores clásicos como Sócrates, Cicerón, entre otros señala que la retórica es: "...el poder de persuadir mediante sus discursos a los jueces en los tribunales, a los senadores en el Senado, y al pueblo en las asambleas; en una palabra, convencer a todos los que componen cualquier clase de reunión política".[98] Quiero hacer énfasis en que la argumentación jurídica no es un tema nuevo para el gremio jurídico, la argumentación jurídica nace, podría decir, junto con el derecho, pues en

---

97 RODRÍGUEZ CARBALLEIRA, Álvaro, *El lavado de cerebro: psicología de la persuasión coercitiva,* Barcelona, *Boixerau* Universitaria, 1992, p. 101.

98 PLATÓN, *Diálogos II, Gorgias o de la retórica,* 3a. ed., trad. de Ivonne Saíd Marínez, México, Grupo Editorial Tomo, 2010, p.132.

lo señalado anteriormente por Platón, se resalta que las ideas se expresan a través de discursos dirigidos a determinados escuchas, mismos discursos tienen como finalidad, convencer del razonamiento expuesto.

En relación a lo señalado por Platón, Chaim Perelman señala que: "...se debe tratar igual a los seres pertenecientes a la misma categoría...".[99] Perelman hace una propuesta de fusión de la dialéctica y la retórica, obviamente sin olvidar a la persuasión, en su *Tratado de la Argumentación* que tiene por subtitulo *La Nueva Retórica,* "...Cuya primera edición data de 1958...".[100], dice que para poder demostrar quiénes son seres pertenecientes a una misma categoría y quiénes no lo son, se debe de argumentar y en ese sentido se debe de persuadir mediante la dialéctica y la retórica al auditorio que va dirigida la argumentación y demostrar qué personas pertenecen a una misma categoría y por qué y con base en qué se sostiene la postura.

Perelman sostiene que: "...el análisis de los razonamientos que utilizan los políticos, jueces o abogados, debe ser el punto de partida para la construcción de una teoría de la argumentación jurídica...".[101] En ese mismo contexto la retórica juega un papel de suma importancia en la argumentación jurídica, pues mientras se observa que un razonamiento lógico consiste en que, si las premisas son verdaderas, lo será necesariamente la conclusión, se aprecia lo siguiente:

> Los argumentos retóricos no tratan de establecer verdades evidentes, pruebas demostrativas, sino de mostrar el carácter razonable, plausible, de una determinada decisión u opinión, por eso, en la argumentación es fundamental la referencia a un *auditorio* al que se trata de *persuadir.* [102]

---

99 ATIENZA, Manuel, *Las razones del derecho, teorías de la argumentación jurídica,* 5a. reimpresión, UNAM, México, 2011, p. 83.

100 *Ibidem,* p. 46.

101 *Ibidem,* p. 47.

102 *Ibidem, p.48.*

La retórica y el derecho han ido de la mano, existen muchas definiciones de lo que es retórica, pero se puede establecer que la retórica es: "la disciplina o arte del bien decir, de dar al lenguaje hablado o escrito la capacidad de conmover, persuadir o deleitar".[103] La retórica era utilizada por las partes en un juicio para provocar un convencimiento en el juez sobre las posturas defendidas, así como también se pretendía convencer al auditorio.

Diversos autores sostienen que las teorías modernas de la argumentación están más enfocadas a la identificación y evaluación de argumentos, que la formulación técnica de estos con miras a un caso práctico.

Existen diversas posturas que sostienen que las teorías nuevas o actuales de la argumentación, son en realidad la evolución de la antigua retórica, idea que comparto, pues la retórica, en la actualidad, desde mi óptica, es uno de los elementos fundantes de la argumentación misma que no puede observarse alejada de ella.

Perelman establece la idea de que la evolución de la retórica clásica hay que adaptarla a la situación actual, otro doctrinario que comparte esta postura es Theodor Viehweg, mismo que trae a cuenta la Tópica de Aristóteles y Cicerón, aunque no hay que olvidar la de Platón.

En contraparte existen otras teorías de la argumentación jurídica en las que se toca de manera muy superficial a la retórica clásica, en las posturas de Robert Alexy, Neil MacCormick o Manuel Atienza, considero que dichas teorías se apegan mucho a la estructura rígida de la lógica, que en la argumentación es de suma trascendencia, sin embargo, no es lo único que la integra, es toral darle cabida en los discursos jurídicos a la retórica y a la persuasión y por ende no olvidar a los autores clásicos, así como sus doctrinas ya antes señaladas.

---

[103] RETÓRICAS.COM, *Diccionario Retóricas,* [en línea], http://www.retoricas.com/2009/06/definicion-de-retorica.html, [consulta: 09 de enero, 2023].

En el ejercicio de la argumentación jurídica, existen diversas directrices que se pueden distinguir en tres aspectos: el acuerdo, la elección y la presentación de las premisas.

Para poder desarrollar la argumentación y observar las premisas que se desprenden de ella, necesariamente se tienen que observar los objetos de acuerdo que para su estudio se pueden dividir en:

a) Relativos a lo real y estos pueden ser hechos, verdades o presunciones.

b) Relativos a lo preferible y estos pueden ser valores, jerarquías y lugares a lo preferible.

Es así como se dice que: "...los primeros pretenden ser válidos para el auditorio universal, mientras que los segundos sólo serían válidos para auditorios particulares...".[104] Es decir los relativos a lo real pretenden valer para el auditorio universal y los relativos a lo preferible pretenden valer en auditorios particulares.

Se entiende que la diferenciación de valores permite establecer un punto operativo de cada uno de ellos y de esta manera, saber en qué campo se van a desarrollar, es así como se aprecia que: "...los hechos (trátese de hechos de observación o de supuestos convencionales) se caracterizan porque suscitan una adhesión tal del auditorio universal que sería inútil tratar de reforzar...".[105]

Se dice que cuando un hecho es evidente o de comprobación instantánea, el auditorio que lo presencia, por las características del hecho y de la situación que ocurre en el momento, no necesita algún tipo de elemento para adherir al auditorio, pues es tan evidente lo que ocurre que se demuestra por sí mismo. Por otra parte, se encuentra que los hechos: "Se diferencian de las verdades porque los primeros son objetos de acuerdo precisos, limitados, mientras que las segundas son sistemas más comple-

---

[104] ATIENZA, Manuel, *op. cit*, nota 99, pp. 50 y 51.

[105] *Ibidem*, p. 51.

jos, uniones de hechos (por ejemplo, teorías científicas, concepciones filosóficas, religiosas, etc.)".[106]En ese entendido, es por el grado de comprobabilidad que requieren las verdades para poder ser demostradas, que requieren de mayores elementos que los hechos. Las presunciones: "—a diferencia de los hechos— sí que pueden —o necesitan— justificarse ante el auditorio universal".[107]

Los valores se dice que son acuerdos consensuales acordes con la realidad. La jerarquización de los mismos es el grado de importancia que se le da y ese grado es determinado por el grupo que consensó su relevancia. El lugar es el espacio que ocupa determinado valor. Manuel Atienza pone de ejemplo en la teoría de Perelman, el lugar que ocupa la retórica.

Con los elementos anteriormente analizados se puede ir estableciendo de manera secuencial que para poder entender a la argumentación jurídica es necesario poner atención en los elementos que la componen, de igual modo no se pretende que sólo se quede en un modelo teórico de difícil aplicación en la práctica, más bien lo que se pretende es presentar un modelo teórico, desarrollado y pensado para ser puesto en práctica y con ello eliminar algunas deficiencias en los ordenamientos legales.

Análisis de teorías de algunos de los principales exponentes de la argumentación jurídica

Siguiendo la secuencia de ideas, Toulmin dice que la argumentación es: "... la actividad total de plantear pretensiones, ponerlas en cuestión, respaldarlas produciendo razones, criticando esas razones, refutando esas críticas".[108]

Para Habermas la argumentación es:

---

106 *Idem.*

107 *Idem.*

108 ATIENZA, Manuel, *op. cit,* nota 99, p. 83.

> ...un acto de habla, es un medio para conseguir un entendimiento lingüístico, que es el fundamento de una comunidad intersubjetiva donde se logra un consenso que se apoya en un saber proporcional compartido, en un acuerdo normativo y una mutua confianza en la sinceridad subjetiva de cada uno.[109]

Manuel Atienza establece que la argumentación es: "...una actividad que consiste en dar razones a favor o en contra de una determinada tesis, que se trata de sostener o refutar". [110]

Una vez citados los conceptos anteriores y a los autores señalados como unos de los principales exponentes de la teoría en análisis, se puede observar que en la postura de Toulmin propone al igual que en la de Atienza, que la argumentación es una actividad, sin embargo, a diferencia de Atienza, Toulmin puntualiza que esta actividad es total, también manifiesta que las pretensiones planteadas se deben respaldar con razones.

En la definición que propone Habermas, limita a la argumentación a un acto de habla, postura que en lo particular no comparto, pues considero que la argumentación no sólo se limita a un acto de habla, desde mi punto de vista abarca muchos otros aspectos más que únicamente el habla.

En la definición que realiza Manuel Atienza, establece que es una actividad; es decir, algo dinámico, no es estático, en la cual se deben de plasmar razones para sostener o refutar una tesis.

De las tres definiciones anteriormente analizadas, a mi juicio la más completa es la que propone Toulmin. Se puede observar que Toulmin y Atienza coinciden en aspectos fundamentales, uno es el hecho de que la argumentación es una actividad, es decir una acción y entendida como tal es cambiante y en constante movimiento, no es estática ni rígida, todo lo contrario, es dinámica. El otro aspecto importante en el que coinciden es en decir que se

---

109 Citado por GALINDO SIFUENTES, Ernesto, *Argumentación jurídica, técnicas de argumentación del abogado y del juez*, Porrúa, México, 2008, p. 2.

110 ATIENZA, Manuel, *op. cit.*, nota 99, p.84.

deben de externar o exponer razones, esto es que cada argumentación debe contener razonamientos entendidos como tales, para soportar una tesis, una idea, una postura o un entendimiento.

De lo anteriormente analizado puedo establecer que la argumentación jurídica es la actividad de exponer razones para sustentar un criterio jurídico a través de medios idóneos de comunicación.

En la actualidad a decir de Jorge Ulises Carmona Tinoco, los estudios de argumentación

> se conocen por argumentación en general, se encargan de la corrección formal del razonamiento, pero también del uso adecuado del lenguaje, la persuasión y detección de falacias, de forma que se está volviendo a reconocer la necesaria complementariedad. Así, la retórica en la actualidad forma parte de la argumentación, como la disciplina que se encarga de la producción de argumentos válidos y persuasivos en un contexto de debate o de producción de discursos.[111]

En lo anteriormente mencionado, Jorge Ulises Carmona Tinoco distingue las funciones principales de la argumentación jurídica que a continuación se analizan.

Principales funciones de la argumentación jurídica

En la distinción realizada por Jorge Ulises Carmona Tinoco se destaca como primer punto la corrección formal del razonamiento, es decir que, para argumentar, como primer paso se debe de tener un razonamiento correcto y bien estructurado con base en sus estructuras lógicas, de ahí parte una buena argumentación, de la calidad de sus razonamientos. Como segundo punto aborda un aspecto de suma trascendencia que es el lenguaje, se distingue que para la argumentación es relevante lo siguiente:

> "lenguaje adecuado y acorde con el mensaje que se pretende transmitir, pues de no emplearse los signos de comunicación ade-

---

111 *Cfr.* WESTON, Anthony, *Las claves de la argumentación*, 14ª. ed., trad. de Jorge F. Malem, Barcelona, Ariel, 2008, pp. 11y 12.

> cuados, la idea o la postura, jamás podrá externarse de manera adecuada y por ende no se podrá presentar como esta maquilada en el cerebro".[112]

y como consecuencia, no producirá los efectos esperados.

Como siguiente punto aborda la persuasión que ya anteriormente se analizó y que en este apartado puede ser entendida también como, dicho por el propio Jorge Ulises Carmona Tinoco: llevar a la persona o al auditorio al que va dirigida mi argumentación, al ángulo desde donde yo estoy viendo el objeto de estudio para que de esa forma tengan la misma visión que yo estoy teniendo y se convenzan del razonamiento que estoy sosteniendo.

Establece también la detección de falacias, actividad trascendental en el arte de argumentar; pues si aparecen falacias dentro del argumento, la calidad no es del todo buena y se puede perder el sentido del razonamiento, sin que por ello un argumento falaz deje de ser persuasivo.

Como último punto se aborda a la retórica, que a mi forma de ver es el elemento que dirige a los demás, en un equivalente podría decir que la retórica es el director de la orquesta que va señalando con la batuta el momento oportuno de intervención de cada uno de los elementos anteriormente analizados y yo agregaría otro, la sazón, es decir el estilo de cada persona para convertir un argumento en una pieza de comunicación concebida como una obra de arte expresada mediante el discurso.

Tomando como base lo anterior y en la expresión de los discursos, también entran las justificaciones que se emiten al expedir una ley, pues también las leyes y los ordenamientos legales deben estar argumentados y por ende deben atender a exponer razonamientos.

En ese entendido, Manuel Atienza señala que: "En principio, pueden distinguirse tres distintos campos de textos jurídicos en que se efectúan argumentaciones. El primero de ellos es el de la produc-

---

112 GONZÁLEZ RUÍZ, Samuel, *op., cit.,* nota 40, pp. 86-93.

ción o establecimiento de normas jurídicas".[113] Establece que, en esta fase, se puede argumentar la necesidad de crear un ordenamiento jurídico para regular un problema social que se presenta y cuya solución se cree, podrá establecerse por medio de normas jurídicas.

Dice también que el segundo campo es el siguiente: "…de la aplicación de normas jurídicas a la resolución de casos, bien sea esta una actividad que llevan a cabo jueces en sentido estricto, órganos administrativos en el más amplio sentido de la expresión o simples particulares".[114] En lo citado anteriormente se observa que también se encuentra presente la argumentación al momento de aplicar la norma.

Es decir, la actividad de aplicar normas no debe de realizarse de manera aislada del contexto que provoca el caso en concreto y, por consiguiente, se cometería un error si el operador jurídico encargado de aplicar las normas, únicamente se limita a aplicar determinada norma de manera mecánica y poco razonada con el único objetivo de cuadrar la conducta a la prescripción. La argumentación jurídica no se limita a ello.

Como último apartado, Atienza señala que: "… el tercer ámbito en que tienen lugar los argumentos jurídicos es el de la dogmática jurídica".[115] La dogmática jurídica se podría definir como lo señala el propio Atienza, de la siguiente manera: "Actividad compleja en la que cabe distinguir tres funciones: 1) suministrar criterios para la producción del derecho en las diversas instancias en que ello tiene lugar; 2) suministrar criterios para la aplicación del derecho; 3) ordenar y sistematizar un sector del ordenamiento jurídico".[116]

Observando el tercer ámbito de los argumentos jurídicos que señala Manuel Atienza, puedo decir que efectivamente la dogmática jurídica debe de estar presente como columna vertebral en el dere-

---

113 ATIENZA, Manuel, *op. cit.,* nota 99, p. 1.

114 *Idem.*

115 *Ibidem.*

116 ATIENZA, Manuel, *op. cit.,* nota 99, p. 2.

cho, pues considero que los criterios para la producción del derecho deben de estar apegados a lo que origina la creación de nuevas normas y esto es, el objetivo de resolver un problema social, el beneficio e interés colectivo apegándose a los principios de justicia.

De igual manera la actividad de la creación de normas debe de ir aparejada con los criterios de aplicación de las mismas, es decir que cuando se crea un ordenamiento jurídico sin establecer los criterios de aplicación, nos encontramos con una norma deficiente, pues se crean unas serias confusiones en cuanto a la manera de aplicarse y su aplicación queda al subjetivismo y discrecionalidad del aplicador de la ley o del operador jurídico.

Ordenar y sistematizar un ordenamiento jurídico, también incluye establecer qué autoridad o en su caso autoridades, serán las encargadas de aplicar la legislación que se ha creado. En este caso puedo decir que en sentido estricto, para que se pueda hablar de una eficiente normativa jurídica, necesariamente se deben de cubrir los tres aspectos que abarca la dogmática jurídica, pues si al ordenamiento jurídico le falta un elemento de los anteriores, podemos decir que es insuficiente para los fines que se está creando y lejos de resolver una problemática social, misma que es la que está dando origen al nuevo ordenamiento jurídico, crea mayores conflictos y confusiones a la esfera que pretende gobernar.

Una de las funciones de la argumentación es que:

> permite —aunque no sólo— entender al derecho como una técnica de solución de conflictos prácticos, como un instrumento que nos auxilia para perfeccionar el ordenamiento jurídico en cada decisión de autoridad, orientando esa actividad hacia objetivos sociales valiosos a través del respeto a principios y valores racionales y razonablemente comprometidos con los derechos humanos, los principios democráticos y el Estado de derecho.[117]

En ese mismo tenor se observa que la argumentación jurídica incluye en sus razonamientos, normas jurídicas, principios jurídi-

---

[117] CÁRDENAS GRACIA, Jaime, *op. cit.*, nota 29, p. 25.

cos, valores racionales y derechos humanos que buscan resguardar el bien común. Con ello puedo decir que a la argumentación jurídica no le interesa únicamente la aplicación de tal o cual norma. A la argumentación jurídica le interesan los grados de razonamiento que presenta un argumento, así como la inclusión de los elementos anteriormente señalados, es por ello que, desde mi punto de vista, la argumentación jurídica es un medio de acceder a la justicia.

b) Algunas directrices de la argumentación jurídica

Distinción de conceptos en la argumentación jurídica

Siguiendo la secuencia de ideas, Manuel Atienza, presenta una distinción entre lo que es el contexto de descubrimiento y contexto de justificación. En esta distinción se enmarca el significado de explicar y el de justificar.

Se puede entender que explicar es: El acto de externar las razones del por qué se toma determinada decisión.

Justificar es: Dar razones del resultado que provoca la decisión tomada confrontada con los hechos.

Basado en las definiciones anteriores, puedo decir que el contexto de descubrimiento es una nueva ley que pretende resolver una problemática y el contexto de justificación es confrontar esa ley con los hechos y observar si efectivamente está resolviendo la problemática para la cual fue creada o simplemente responde a intereses para el interés particular.

Se observa que:

> —justificar— las decisiones, no sólo contribuye a hacerlas aceptables (y esto resulta especialmente relevante en sociedades pluralistas que no consideran como fuente de legitimidad o de consenso cosas tales como la tradición o la autoridad), sino también a que el derecho pueda cumplir su función de guía de la conducta humana.[118]

---

[118] ATIENZA, Manuel, *op. cit.*, nota 99, p.6.

En la concepción anterior se sostiene que justificar no sólo es el hecho de hacer que las decisiones sean aceptables, pues no se pretende con ellas satisfacer las necesidades de unos cuantos, más bien se pretende un aspecto que va más allá y este aspecto es realizar una función de armonizar la conducta humana, es por ello que resulta trascendental el hecho de que los jueces, operadores jurídicos y demás aplicadores de leyes, argumenten sus decisiones; pues con las mismas sientan precedentes que guían la conducta humana, haciendo hincapié en las proporciones de la trascendencia, pues se sientan precedentes ya sea para bien o para mal, es por ello que se debe tener extremo cuidado en el ejercicio de esta actividad.

En otra distinción, es importante señalar lo siguiente: "Por función práctica o técnica de la argumentación jurídica entiendo básicamente que esta debe ser capaz de ofrecer una orientación útil en las tareas de producir, interpretar, y aplicar el derecho".[119]

En el mismo sentido puedo decir que para que la argumentación jurídica pueda llevar a cabo las funciones que ya se mencionaron, se requiere de un método que establezca el modelo a seguir a decir del propio Manuel Atienza, esta tarea se encuentra en considerable medida por hacerse. Con esa visión, el presente trabajo pretende abonar en ese quehacer.

Una vez que se argumenta algún caso explicando y justificando la decisión tomada, se observa que surge el discurso jurídico y al respecto la teoría del discurso de Habermas se señala lo siguiente:

> un discurso es un acto lingüístico entre varios participantes con opiniones contrapuestas que, con el fin de llegar a resultados válidos, se atienden a determinadas reglas. El discurso representa una vía cooperativa y pacífica de resolución de conflictos en donde la única coacción es la del mejor argumento.[120]

De la definición anteriormente citada, puedo decir que la argumentación jurídica produce discursos jurídicos, los cuales se-

---

119 *Idem*, p. 217.

120 CÁRDENAS GRACIA, Jaime, *op., cit.*, nota 29, p. 29.

rán de mayor peso específico dependiendo de la calidad de los mismos. Considero que el discurso jurídico, en México y ante lo lesionada que se encuentra la credibilidad de nuestros órganos de impartición de justicia, así como de nuestras autoridades, en la actualidad, tiene como objeto central, el hecho de resolver problemas de conocimiento y finalidades de las normas en el contexto jurídico para satisfacer necesidades sociales generales y devolver un poco de credibilidad al sistema. En ese mismo entendido puedo decir que el grado de complejidad de aplicación de los elementos de observancia de la argumentación jurídica requiere de personas que se encuentren debidamente preparadas para resolver las controversias que se presentan y que respondan a una necesidad de bien común eliminando el hecho de dar resoluciones atendiendo al temor de poder perder el cargo que ocupan.

En nuestro sistema jurídico actual, es importante señalar que crear y aplicar leyes implica la responsabilidad de saber aquilatar que se tiene en las manos la estabilidad jurídica de nuestros conciudadanos y de nuestro país. Por tal razón al momento de crear una ley se debe observar el derecho en sentido amplio y sin dejar de lado en ningún momento que el hecho de crear una nueva ley es con el fin de resolver una problemática que se presenta, atendiendo a los principios de equidad y justicia expresados a través de una argumentación jurídica que permita poder acceder a un ejercicio adecuado de la impartición de justicia.

Lineamientos de la teoría de la argumentación jurídica

Siguiendo el mismo contexto Charles Perelman, maneja que existe la opción de expresar argumentos y posturas racionales más allá de la deducción lógica y el control empírico.

Perelman señala que la validez de un argumento se determina dependiendo del grado de convencimiento que provoque en su auditorio.

Se puede definir al auditorio como las personas a la que va dirigido el argumento. En ese mismo contexto se debe observar que las leyes deben de satisfacer al auditorio al que van dirigidas, es decir, a los gobernados.

Las argumentaciones jurídicas que existen responden a diversos momentos, es decir, el abogado litigante, argumenta de manera distinta ante su cliente que ante un juez o ante su contraparte y cada argumentación debe contener razonamientos y estructuras que le permitan sostener su postura y demostrar que su idea es apropiada para la situación que se presenta; de igual forma, la argumentación del juez es distinta y así cada ente jurídico que participa en el desarrollo del derecho adquiere su propia argumentación. Sin embargo, unas de las diferencias esenciales en los diversos tipos de argumentación es que las argumentaciones de las autoridades se traducen en decisiones que se plasmaran en una ley o en una resolución que impondrá o no una sanción según el caso y las argumentaciones de los abogados son posturas que pretenden convencer a quien se dirige del razonamiento expuesto, en obvio entendimiento, para que tenga verdadero peso de convencimiento la argumentación debe de tener sustento, es decir, contenido y ese contenido debe de estar fundado en cimientos creíbles y que verdaderamente respondan a la necesidad social, de no ser así, se convierte en un simple discurso vacío y poco creíble.

Para combatir los argumentos faltos de estructura considero, se encuentra el discurso jurídico debidamente estructurado.

Diversas son las posturas que nos sugieren que el derecho es argumentación, Manuel Atienza se ha pronunciado por ello al igual que Jaime Cárdenas Gracia, éste último señala que:

> pensar en el derecho como argumentación es algo positivo para la discusión jurídica en nuestro país. Mis razones son las siguientes: Primera porque siempre ha ocurrido así; segunda, porque cada vez más, los aplicadores del derecho adquieren una preponderancia mayor en cuanto independencia respecto al Poder Ejecutivo; Tercera, porque el derecho legislado ha sido históricamente incapaz de afrontar los múltiples problemas de la realidad.[121]

---

121 CÁRDENAS GRACIA, Jaime, *op. cit.*, nota 29, p. 2.

Siguiendo el mismo contexto Cárdenas Gracia apunta otras posturas secuenciales de las anteriormente señaladas que sigue enumerando de la siguiente manera:

> cuarta, porque el derecho no es una colección de axiomas y ello obliga a argumentar sobre las normas y los casos; quinta, porque los llamados casos difíciles no pueden resolverse mediante el silogismo y la subsunción; sexta porque el derecho es una manifestación cultural en donde las personas interactuamos con razones,[122]

mismas razones se desglosarán en lo sucesivo a efectos de poder analizar los conceptos que Cárdenas Gracia nos da como propuestas y que nos sigue enumerando de la siguiente manera:

> ...séptima, porque las mismas reglas legislativas son razones para la acción, octava; porque en condiciones democráticas, participativas y deliberativas la solución de los casos de relevancia no es sólo cuestión de un argumento de autoridad; novena, porque el derecho es una realidad viva que adquiere sentidos con la interpretación, y décima, porque las posibles soluciones a los casos son diversas, no existe una y la autoridad está obligada jurídica y democráticamente a justificar su opción.[123]

En las razones que expone Cárdenas Gracia, se aprecia que en la primera refiere que porque siempre ha ocurrido así. Puedo decir que, en esta primera razón, no estoy de acuerdo, decir que, porque siempre ha ocurrido así, desde mi perspectiva es limitar la visión jurídica; es quedarse en un paradigma que sólo produce incertidumbre, pues no va más allá de intentar convertir un uso y costumbre en ley, es por ello que no comparto el primer razonamiento.

En la segunda razón que expone, estoy acuerdo. Me llama la atención que no denomina a la autoridad como impartidor de justicia, lo denomina como aplicador del derecho, desde mi perspectiva dicha distinción es muy importante, pues aquí se observa que no necesariamente quien aplica una ley imparte justicia y otra

---

122 *Idem.*

123 *Ibidem*, pp. 2 y 3.

de las distinciones que realiza es la independencia de la autoridad aplicadora del derecho respecto al Poder Ejecutivo. Considero que actualmente esa independencia, comienza a reducirse cada vez más y casi ha desaparecido por no decir que se encuentra desaparecida.

En la tercera razón me gustaría detenerme un poco. Cárdenas Gracia dice que históricamente el derecho legislado ha sido incapaz de afrontar los múltiples problemas que la realidad plantea. En éste punto quiero enfatizar en la frase de: *el espíritu del legislador* que hace referencia a la forma en que se debe interpretar una ley o una norma, sin embargo, difiero totalmente con esa postura y también pienso que la ley o norma no se debe observar como algo sagrado e incapaz de ser cuestionado ni criticado, creo que es todo lo contrario, se debe de criticar a las leyes o normas, se deben de cuestionar y observarlas desde diversos ámbitos jurídicos, pues en la medida que se realice dicha actividad, se podrán detectar las deficiencias de nuestro sistema jurídico y se podrán mejorar. Mientras se continúe con la idea de que la ley es un dogma sagrado incuestionable, se continuará otorgando un poder absoluto al legislador.

En el cuarto razonamiento, se plantea que el derecho no es una colección de axiomas, es decir no es una colección de razonamientos que se consideran tan evidentes que no necesitan demostración. En este razonamiento se puede observar que efectivamente la ley no debe de ser idealizada como algo perfecto, la ley no debe de entenderse como un elemento que es tan evidente su perfección que no debe ser cuestionada, la ley es creada por hombres y como es una creación de hombres, no es perfecta, es por ello que constantemente se debe de confrontar a las leyes con la realidad y con base en ello hacer juicios jurídicos para determinar si está cumpliendo el objetivo para el cual fue creada o si no lo está cumpliendo, implementar modificaciones para satisfacer las problemáticas sociales.

El quinto razonamiento habla sobre la resolución de los casos denominados difíciles, definición que no comparto, pues desde mi perspectiva considero que no hay casos fáciles en el derecho. Pueden existir casos de mayor o menor complejidad, pero de eso a decir que hay casos fáciles o difíciles me parece muy inadecuado, pues repito, para mí no hay casos fáciles en el derecho, sólo bastaría con preguntarle a los involucrados si el caso es fácil. Mi postura es que hay casos de mayor o menor complejidad y esa denominación prefiero darle.

En el razonamiento quinto en análisis se dice que los casos de mayor complejidad no se pueden resolver por silogismo, ni por subsunción. Dos conceptos fundamentales para dar origen a la argumentación, efectivamente coincido con Cárdenas Gracia que los casos de mayor complejidad requieren de una metodología de resolución distinta al silogismo y a la subsunción como se apreció en el análisis de la sentencia de Herminio Ventura.

Tipos de argumentos

Siguiendo el análisis de los componentes de la argumentación jurídica, se observa que, producto de la combinación de los elementos que la conforman, da como origen diversos tipos de argumentos. Para su clasificación se pueden distinguir de la siguiente forma: Apodícticos, dialécticos y retóricos.

En el presente trabajo se analizarán argumentos anteriormente mencionados. Se dice que los argumentos apodícticos son aquellos que: "versan sobre los preceptos jurídicos aplicables, la doctrina y la jurisprudencia".[124]

Diversas posturas tratan de explicar que los argumentos de los aplicadores de leyes mexicanos se pueden encasillar en dicha categoría, postura que no comparto del todo, pues la definición nos establece que hay que incluir u observar a la doctrina situación que no todas las veces ocurre.

---

124 SIFUENTES GALINDO, Ernesto, *Argumentación jurídica, técnicas de argumentación del abogado y del juez*, México, Porrúa, 2008, p. 21.

Los argumentos dialécticos son aquellos que: "tratan acerca de todos los aspectos demostrables en la consideración del objeto materia de la litis y se integran por todos los esfuerzos probatorios de los hechos realizados por las partes".[125]

Los argumentos retóricos son: aquellos que: "se proponen persuadir al receptor de la tesis que se sostiene".[126] En la definición anterior se aprecia que los ordenamientos jurídicos deben adherir a quienes van destinados a regular.

En ese mismo contexto las normas jurídicas substituyen hasta cierto punto la voluntad de los destinatarios, creando caminos, sentando precedentes, efectos y consecuencias para sus comportamientos, así mismo a los aplicadores de ley se les otorga la posibilidad de que sus decisiones se encuentren fundadas en normas, sin embargo, también tienen la posibilidad de aplicar principios jurídicos, jurisprudencias y elementos distintos a los de las normas contenidas en un código, sin que los mismos dejen de ser parte del sistema jurídico.

Es por ello la importancia de incluir en los procesos de argumentación a la jurisprudencia, a la retórica, la persuasión, a los principios jurídicos y a las herramientas jurídicas que favorezcan la aplicación óptima de la impartición de justicia.

A continuación, se abordan tres concepciones sobre argumentación que señala Manuel Atienza: "la lógica formal, la material y la pragmática o dialéctica".[127]

Señala que la concepción formal define al argumento y la argumentación como una inferencia, como un encadenamiento de proposiciones.

---

125 SIFUENTES GALINDO, Ernesto, *op. cit.*, nota 124, p. 22.

126 *Idem.*

127 ATIENZA, Manuel, "El Derecho como argumentación", *Isegoría, Revista de filosofía moral y política*, Madrid, 1999, núm., 21, noviembre, pp. 37-48, http://isegoria.revistas.csic.es/index.php/isegoria/article/view/76/76, [consulta: 09 de enero, 2023].

Se puede encontrar como característica la situación de que no depende del grado de verdad que se encuentre presente en las premisas expuestas, más bien se enfoca en la observación del cumplimiento de las reglas formales de la lógica.

En la concepción material sostiene que atiende a descubrir y analizar las premisas, intentando justificarlas no utilizando el silogismo o los diversos tipos de lógica. En la concepción material, lo que se pretende es realizar una justificación de las decisiones tomadas utilizando y tomando como base los buenos razonamientos confrontándolos con posturas contrarias. La concepción material se interesa por el proceso de argumentación, al equilibrio de razones expuestas incluyendo la postura del sustentante.

La concepción pragmática o también llamada dialéctica, observa a la argumentación como una interacción lingüística, establece que la argumentación es un diálogo y al ser un diálogo, debe de sujetarse a las reglas lingüísticas, hace una distinción entre: "argumentos débiles y argumentos fuertes, nos habla de las falacias, como detectarlas y eliminarlas de la argumentación creada".[128] Los argumentos pragmáticos buscan ser aceptados por el consenso que los está argumentando.

Lo anterior, resalta como noción básica del derecho la idea de justicia destacando que la validez del derecho depende no del derecho positivo, sino de ciertos valores jurídicos y principios de derecho que se encuentran muy por encima del formalismo jurídico y del pseudopositivismo jurídico, sin dejar de ser derecho.

Como se ha puntualizado anteriormente, en los Estados constitucionales, se ha vuelto una necesidad el hecho de argumentar las decisiones que se determinan y que afecten los derechos de las personas. México al ser un Estado constitucional, no es la excepción de que tengan sus órganos jurídicos a través de las personas que los operan, argumentar cada decisión que se toma, se debe partir de una base que las personas que se encuentran ocupando

[128] *Cfr.*, ATIENZA, Manuel, *op. cit.*, nota 99, pp. 60 y 61.

un cargo de poder en las esferas jurídicas, son servidores públicos, es decir, se encuentran para servir a la sociedad.

La tarea de la impartición de justicia no corresponde únicamente al personal adscrito a las instituciones destinadas para ello, la impartición de justicia y el ejercicio y creación del derecho corresponde a cada uno de los integrantes de un Estado constitucional desde el ámbito de competencia para que de una forma integral se pueda resolver de mejor forma las problemáticas que presenta la sociedad en el campo jurídico. La argumentación jurídica entendida como la actividad de exponer razones de forma hablada, escrita o utilizando cualquier medio de comunicación idóneo para sustentar un criterio jurídico utilizando la retórica, la dialéctica, la persuasión y la lógica en la creación de discursos que ponderarán normas y principios jurídicos para buscar la equidad entre los miembros de una sociedad, es una herramienta fundamental para la adecuada impartición de justicia.

Capítulo V

Los principios jurídicos

1. PANORAMA GENERAL

a) Objetivo particular del capítulo

En el capítulo en turno se estudiará a los principios jurídicos o también denominados principios generales de derecho y la forma en la que operan dentro del sistema jurídico. Se analizará la posibilidad de aplicar un principio jurídico no obstante que no se encuentre contenido en alguna ley. De igual forma se analizará la posibilidad de aplicar un principio jurídico no obstante vaya en contra de una ley. Se analizará la teoría de Ronald Dworkin y el caso Riggs vs Palmer donde se apreciará la forma de aplicar un principio jurídico en favor de un derecho humano. Al final del presente capítulo se podrá apreciar que los principios jurídicos son una herramienta más para la óptima aplicación del principio *pro persona.*

2. EL PAPEL DE LOS PRINCIPIOS JURÍDICOS EN LA IMPARTICIÓN DE JUSTICIA

a) Los principios jurídicos

Aspectos generales de los principios jurídicos

En el presente capítulo se analizarán los principios jurídicos o también denominados principios generales del derecho, mismos que como se ha venido señalando, a mi juicio, deben ser tomados en consideración por el operador jurídico al momento de realizar su labor.

Para adentrarse en el análisis del tema en estudio es importante establecer qué se entiende por principio jurídico. En ese entendido se encuentra que la Real Academia Española establece que:

> proviene del latín *principium* 1.m. Primer instante del ser de algo. 2. m. Punto que se considera como primero en una extensión o en una cosa. 3. m. Base, origen, razón fundamental sobre la cual se procede discurriendo en cualquier materia. 4. m. Causa, origen de algo.[129]

Se puede entender que los principios jurídicos son el origen de los sistemas normativos, se le denominan principios porque son los cimientos de donde emergen las diversas normatividades que regulan diversas conductas. Los principios jurídicos, son consensos de una sociedad, establecidos para su sana convivencia y a través de ello encontrar armonía social y bien común. Algunos principios pueden encontrarse contenidos en códigos, leyes o reglamentos. Otros pueden no encontrarse contenidos en ordenamientos legales, pero pueden ser parte de la conciencia social o de sus usos y costumbres y de los sistemas jurídicos.

Ronald Dworkin refiere que: Principio es "...todo el conjunto de *estándares —que no son normas—* que apuntan siempre a decisiones exigidas por la moralidad o impelentes de objetivos que han de ser alcanzados".[130] En esta definición encontramos que se inserta la aclaración de que no son normas los principios, Dworkin nos establece que es un conjunto de estándares, entendidos como consensos sociales, inserta el factor moral, sin embargo, puedo decir que no necesariamente responden dichos estándares a factores morales y reitero, en caso de que su origen fuera moral, al

---

129 REAL ACADEMIA ESPAÑOLA, *Diccionario de la Lengua Española de la Real Academia De La Lengua Española,* Madrid, Real Academia Española/ Asociación de Academias de la Lengua Española (ASALE), 2023 [en línea], http://dle.rae.es/?id=LwUON38, [consulta: 09 de enero, 2023].

130 ISLAS MONTES, Roberto, "Principios Jurídicos", en *Anuario de Derecho Constitucional Latinoamericano,* Montevideo, Año XII, 2011, file:/3974-3516-1-PB%20(1).pdf, [consulta: 09 de enero, 2023].

momento de incorporarse al sistema jurídico dejan de ser molares para convertirse en jurídicos.

Robert Alexy establece que: "Los principios son mandatos de optimización que ordenan que algo sea realizado en la mayor medida posible dentro de las posibilidades jurídicas y reales existentes".[131] Se observa en la definición anterior un elemento muy importante, la realización de algo dentro de las posibilidades jurídicas reales existentes. Más adelante señalaré la importancia de estos elementos.

Manuel Atienza dice que: "son normas de carácter muy general que señalan la deseabilidad de alcanzar ciertos objetivos o fines de carácter económico, social, político, etcétera, o bien exigencias de tipo moral".[132] La definición que presenta Manuel Atienza, refiere que son normas muy generales y abarcan determinados sectores sociales. Es importante observar que les da la denominación de normas.

Manuel Morales señala que:

> ...son criterios y proposiciones jurídicas inducidos mediante la abstracción de la experiencia de la vida legal, que por ser apriorísticos, racionales y objetivos han sido, generalmente, aceptados a través del tiempo y el espacio, transformándose en verdades universales, fuente y directriz teleológica del sistema normativo.[133]

Puedo decir, una vez analizadas las definiciones anteriores, que los principios jurídicos son los valores jurídicos establecidos mediante acuerdos sociales de carácter fundamental y que responden a la esencia social, basados en un bien común y en una convivencia armónica y equitativa pertenecientes a un sistema jurídico, dicha pertenencia los va a distinguir de los principios morales.

En la definición que se propone, se explica que los principios jurídicos al ser valores jurídicos de carácter social fundamental

---

131 *Ídem.*

132 *Idem.*

133 MORALES HERNÁNDEZ, Manuel, *op. cit.,* nota 39, p. 69.

responden a la esencia social basados en el bien común. Esto es que cuando las sociedades se dan cuenta de que es necesario establecer acuerdos para una mejor convivencia se llevan a cabo con el fin de resolver una problemática y tener armonía y equidad en su desarrollo y los incorpora a su sistema jurídico positivo convirtiéndolos de observancia obligatoria.

Es así como los principios jurídicos se han venido usando desde la época clásica del Derecho Romano, teniendo como base el Derecho Natural. Así, por ejemplo, Ulpiano decía que la justicia es la constante y perpetua voluntad de dar a cada quien lo suyo. De lo anterior se advierte que los principios se usaban de manera activa en el ejercicio del derecho.

> los principios formaron la base de toda la legislación antigua y nueva, con breves principios y reglas que sujetaron los procedimientos, como aquel contenido en la Ley de las XII Tablas que decía: *Generali lege discernimus, nem inem sibi ese iudicem, vel ius sibi dicere debere* (establecemos como ley general que nadie sea juez de sí mismo ni deba defenderse a sí mismo), instituyendo la necesidad de división de funciones entre juzgador, fiscal y defensor.[134]

En el punto anterior se observa que se establece como principio jurídico que nadie sea juez de sí mismo, ni defenderse a sí mismo. Al respecto, la explicación que se presenta es la siguiente:

El acuerdo social que se menciona refiere que, si alguien es juez de sí mismo, al ser parte en el juicio, es evidente que su resolución tiene amplias posibilidades de favorecerlo. Con el siguiente razonamiento lo que se busca es un bien común, es decir, que no quede impune la falta que se ha cometido y que quien la cometió reciba una sanción con el fin de establecer un precedente para que los mismos miembros de la sociedad, sepan que no deben cometer cierto tipo de conductas que dañan a su misma sociedad.

---

134 *Ibidem*, p. 17.

En el segundo supuesto de la cita en análisis, se establece, que nadie debe defenderse a sí mismo, de igual forma, el fin es que al defenderse a sí mismo y ser parte del problema, se corre el riesgo de que el razonamiento expuesto no sea claro a causa de la circunstancia que la persona está atravesando, es por esa razón que se establece ese postulado, a fin de proteger a la misma sociedad que lo estableció.

Retomando la definición de Robert Alexy en cuanto a los elementos de ordenar el realizamiento de algo dentro de las posibilidades jurídicas reales existentes. Es muy importante resaltar que los principios jurídicos buscan como lo dice la definición de Alexy, ordenar algo, ese algo es la problemática social o las conductas sociales en busca de una mejor convivencia. Alexy señala que se busca realizar dicho ordenamiento, dentro de las posibilidades jurídicas reales existentes. Es decir, que los principios jurídicos siempre van apegados a las posibilidades jurídicas reales.

Existen corrientes que no están de acuerdo con el uso de los principios jurídicos, a razón de que esas corrientes sostienen que los principios jurídicos son elementos muy abstractos y carecen de forma y los consideran amorfos.

Las corrientes opositoras a los principios jurídicos han hecho diversas manifestaciones como la siguiente:

> tildándolos de vagos, indeterminados, y suponiendo un peligro por el subjetivismo que contenían, negando en su empeño que pudieran existir casos completos de falta de ley aplicable y sosteniendo que, contrariamente a la insuficiencia, el derecho está dotado de una completa plenitud lógica que le facilita los medios para resolver todos los casos en que puedan surgir controversias.[135]

Lo anterior manifiesta que supone como un peligro por el posible subjetivismo que pudieran contener. Postura que no comparto, pues al hablar de subjetivismo, se observa que también algunas leyes se encuentran plagadas de subjetivismo y no son propiamen-

---

135 *Idem.*

te un principio jurídico, en ese entendido sostengo que fundado en el presente razonamiento las leyes aplicables y vigentes que son subjetivas, suponen un peligro por el subjetivismo que contienen y no son como ya se dijo, propiamente un principio jurídico, sin embargo, dichas leyes se aplican. Para evitar ese subjetivismo existen las demás herramientas analizadas en la presente obra.

Otro supuesto que maneja es que siempre existe una ley aplicable al caso y puedo decir que efectivamente, por lo regular casi siempre existe una ley aplicable al caso, sin embargo, ¿qué ocurre cuando la ley va en contra de lo que la misma sociedad estableció para una mejor convivencia?

En el razonamiento que propone la cita en análisis, el gobernado, se tendría que conformar con esa ley, pues fue concebida para regular determinada conducta, aunque la misma ley genere mayores conflictos de los que resuelve.

Puedo decir que ante esas irregularidades que se señalan, necesariamente se tendría que recurrir a los principios jurídicos, de lo contrario se dejaría de ejercer dicha herramienta.

La misma cita que se analiza refiere que la ineficiencia de la ley es subsanada por el derecho que tiene una completa plenitud lógica que le facilita la resolución de las controversias. En este punto la cita me parece contradictoria, pues efectivamente, el derecho tiene una plenitud lógica para buscar los medios idóneos para resolver una controversia y dentro de esos medios idóneos, se encuentran los principios jurídicos, pues efectivamente ante la ineficiencia de la ley, el derecho en uso de esa plena lógica de la cual es poseedor, se auxilia de herramientas jurídicas que le proporcionen elementos para resolver de una manera óptima las controversias y una de esas herramientas son los principios jurídicos.

Por lo antes expuesto es que diversos autores sostienen que en esencia no existen lagunas jurídicas como algunos otros autores sugieren, en el entendido de que, si la ley no prevé la regulación de alguna conducta, existen los principios jurídicos para poder subsanar esas desatenciones de la ley, así encontramos que:

> ...es forzoso que el juez tenga, dentro de la normatividad legislativa existente, el derecho aplicable al caso, y de no ser así, pueda acceder de manera natural a los Principios Jurídicos, llenando ese espacio de obscuridad y brindando luz sobre la cuestión, con fórmulas amplias de aplicación general.[136]

De este modo se comienza a observar que los principios jurídicos, no deben de verse como algo antiguo y en completo desuso, pues como nos señala lo anteriormente citado, los principios jurídicos, pueden aplicarse en determinado momento para poder resolver alguna controversia incluso controversias contra la misma ley o norma que se pretende aplicar.

Los principios jurídicos, son de igual forma una herramienta de la ciencia del derecho que se utilizan con el fin de poder enriquecer más la aplicación de las normas jurídicas y poder dar mejores resoluciones a las controversias para que sean verdaderamente justas y no sólo se queden en la simple aplicación gramatical de una ley. También se observa que, aunque muchas posturas sostienen que se encuentran en desuso, se debe puntualizar que, a mi forma de ver, no es así y sostengo que incluso deben de aplicarse más cotidianamente pues como se ha puntualizado, un principio jurídico, puede dejar sin efectos la aplicación de una norma jurídica que no responda a los fines del derecho y del sistema jurídico al que pertenece y que sólo se enfoque a responder intereses particulares.

Es importante recordar que los principios jurídicos, también son considerados como fuentes del derecho y en ese sentido, también se puede decir que los principios jurídicos crean derecho, producen derecho, son derecho por ello es importante realizar la siguiente cita:

> ante la posibilidad práctica que los textos legales regulasen agotadoramente todos los supuestos de hecho que se pudieran plantear. Cuando los codificadores del siglo pasado acudieron a esta figura como norma supletoria de la ley no pretendieron rendir tributo al

---

136 *Ibidem.*

> fundamento que, limitándola, la sostiene; se trata, por el contrario, de adjuntar la válvula de seguridad que garantice su reinado absoluto.[137]

Retomando una vez más a uno de los principales exponentes contemporáneos de los principios jurídicos Ronald Dworkin, quien manifiesta que dentro del derecho existen pautas distintas de las reglas, estas pautas son los principios. Las reglas y los principios, establece que son diferentes y realiza la diferenciación de la siguiente forma:

Dice que las reglas son aplicables a la manera del todo o nada. Es decir, señala que si se dan los hechos que establece la regla, la regla es válida y en ese caso la respuesta de la norma a la problemática planteada debe ser aceptada; pero si la regla no contribuye a dar respuesta a la problemática, no lo es.

Señala que los principios tienen elementos que no contienen las reglas, por tal razón no tienen la misma dimensión, dice que los principios tienen la dimensión de peso y de importancia que las reglas no lo tienen.[138]

Para desarrollar más profundamente lo anteriormente referido, se retomará el análisis de lo siguiente: en México, la Constitución Política de los Estados Unidos Mexicanos de 1917, establece en su artículo 14, último párrafo que: "En los juicios del orden civil, la sentencia definitiva deberá ser conforme a la letra o a la interpretación jurídica de la ley, y a falta de ésta se fundará en los principios generales del derecho".[139]

Relacionando lo establecido en el artículo 14 de nuestra Constitución, con lo señalado por Dworkin, se desprende que nuestra

---

137 BELADIEZ ROJO, Margarita, *Los principios jurídicos*, Madrid, Tecnos, 1997, p. 95.

138 *Cfr.* GARZÓN VALDÉS, Ernesto y Francisco J. Laporta, coords., *Enciclopedia Iberoamericana de Filosofía*, t. II: *El derecho y la Justicia*, Madrid, Trotta, 2000, p. 149.

139 *Constitución Política de los Estados Unidos Mexicanos. http://www.diputados.gob.mx/LeyesBiblio/pdf/1_240217.pdf*
Consultado el 09 de enero de 2023.

Constitución señala que, a falta de ley, la sentencia se fundará en principios generales de derecho. A diferencia de lo señalado por nuestra Constitución, Dworkin sostienen que, si la ley existe, pero no da respuesta a la problemática planteada, no debe ser considerada y se debe de hacer a un lado para dar paso a los principios.

Es importante señalar que la teoría de Dworkin se basa en un derecho norteamericano y aunque diversos críticos de la teoría de Dworkin señalan que es inoperable en nuestro sistema jurídico, considero que si es operable, respetando las particularidades de cada sistema y existen muchos elementos que se pueden adoptar para el derecho mexicano y que enriquecerían la labor jurídica, el más importante es que se puede aplicar los principios jurídicos, no obstante, que exista una ley expresa contenida en algún código que regule la conducta como se desarrollará de manera profunda en el siguiente capítulo. Sin embargo, en el caso del artículo 14 constitucional, la misma norma jurídica incorpora a los principios generales del derecho al sistema jurídico.

Como ya se señaló, nuestra Constitución establece que, en los juicios de orden civil, la sentencia definitiva será conforme a la letra o a la interpretación jurídica de la misma. También señala que, a falta de ley, se fundará en los principios generales de derecho. Se encuentra en esta disposición elementos que utilizará el impartidor de justicia para realizar su labor. Se señalan a la ley, a la interpretación y a los principios. Sin embargo, la jerarquía que se le da en la misma disposición poniendo encima de los principios a la ley, en la actualidad y ante la severa emisión de leyes que provocan un descontento casi unánime en la mayoría de los gobernados, pareciera ser que el orden de los elementos señalados debería de cambiar. Este punto se agotará de manera exhaustiva en el siguiente capítulo.

La teoría de Dworkin establece que, si la ley no atiende a resolver una problemática, no obstante que exista, puede hacerse de lado para aplicar un principio jurídico que mejor provea a la resolución de la problemática.

La diferencia es que mientras la Constitución establece en el artículo anteriormente señalado que únicamente se aplicarán los principios a falta de ley, es decir, si la ley existe no se puede aplicar un principio jurídico, esto atendiendo a una interpretación gramatical muy recurrida en el sistema jurídico mexicano. Dworkin sostiene que, si existe la ley, pero no satisface la impartición de justicia, puede no aplicarse y en su caso, se pueden aplicar los principios jurídicos que sean más adecuados para la mejor impartición de justicia.

Como ejemplo de su tesis aducía Dworkin un caso —Riggs *versus* Palmer— del que hubo que entender, a finales del siglo pasado, un tribunal del Estado de Nueva York. El asunto era básicamente el siguiente: un nieto solicitaba al tribunal entrar en posesión de la herencia de su abuelo, lo que, de acuerdo con la ley testamentaria del Estado de Nueva York, le correspondía. La peculiaridad del caso residía que entre los atributos de dicho nieto se encontraba el ser el asesino del causante, circunstancia que la ley testamentaria aplicable no contemplaba como causa de exclusión de la sucesión: de acuerdo con las disposiciones aplicables, tal circunstancia, debía considerarse, pues, como irrelevante. El tribunal negó al nieto, sin embargo, el entrar en posesión de la herencia de su abuelo apoyándose en el principio "nadie puede sacar provecho de su propia acción ilícita".[140]

En el ejemplo de Dworkin se observa que, aunque existía ley que regulaba la conducta establecida, la misma no contemplaba como excluyente para heredar, que el heredero asesinara al que le heredaba. En una interpretación gramatical, se puede decir que puede heredar porque la ley no se lo prohíbe, pero a la par se tendría que sujetar a un proceso penal por el delito de homicidio, no obstante, a que existe un delito, el juzgador decide, aplicar un principio jurídico para negar la herencia dando más peso al principio jurídico que al hecho de que en la ley no existiera dicha prohibición. Es decir, el principio viene a perfeccionar a la ley que no contemplaba una situación que, de darse, iría en contra del sentido de creación de la misma.

---

140 Garzón Valdés, Ernesto y Laporta Francisco J. (coord.), *op. cit.*, nota 138, p.150.

Relacionando lo anterior con el artículo 14 constitucional, último párrafo y aplicando una interpretación gramatical, en ese contexto, el heredero hubiera podido acceder a la herencia, pues el artículo 14 constitucional en su último párrafo al establecer que en materia civil, la sentencia definitiva deberá ser conforme a la letra de la ley, y en el ejemplo abordado, la ley permitía heredar al no contemplar el supuesto, en ese razonamiento podemos observar que se hubiera podido aplicar una ley que iría en contra de su proprio origen, no obstante que al asesino se le hubiera sujetado a un proceso penal. Para evitar ese tipo de razonamientos es importante observar a los principios jurídicos o generales del derecho, pues ellos hacen referencia constante a la razón de creación de determinada norma o cuerpo normativo.

b) Normas y principios

Diferencia entre normas y principios

Como se ha mencionado, algunos autores señalan que los principios son normas, otros distan de ello, para poder entender las diferencias de cada uno es importante señalar lo siguiente:

> la distinción entre reglas y principios (y, dentro de éstos, entre principios en sentido estricto y normas programáticas) puede formularse de la siguiente manera: las reglas configuran de forma cerrada tanto el supuesto de hecho como la conducta calificada deónticamente en la solución; los principios en sentido estricto configuran de forma abierta su supuesto de hecho y, de forma cerrada, la conducta calificada deónticamente; las directrices o normas programáticas configuran de forma abierta tanto uno como otro elemento.[141]

En la distinción anterior, se observa que la regla establece una conducta basada en un supuesto de hecho y una consecuencia tanto de su cumplimiento como de su incumplimiento. Mientras que los principios establecen un supuesto de hecho dirigidos a determinada conducta.

141 *Ibidem*, p. 153.

Para ejemplificar lo anteriormente expuesto se abordarán los siguientes ejemplos de legislaciones, que, aunque no son nacionales, ayudan a dejar más claro el análisis del presente tema:

> como ejemplo de regla el art. 28 del Estatuto de los Trabajadores, que establece que <<el empresario está obligado a pagar por la prestación de un trabajo igual el mismo salario, tanto por salario base como por los complementos salariales, sin discriminación alguna por razón de sexo>>. Aquí encontramos genéricamente determinado (esto es, configurado de forma cerrada) tanto el supuesto de hecho (ser empresario, mantener desde esa posición una relación jurídico-laboral con otras personas) como la conducta calificada deónticamente: prohibido pagar un salario diferente por igual trabajo a trabajadores de sexo diferente. Naturalmente, toda determinación genérica puede presentar problemas a la hora de subsumir tanto supuestos de hecho como conductas individuales: pueden existir dudas, por ejemplo, acerca de si una determinada actividad es o no <<trabajo>> o acerca de si un complemento salarial para vestuario diferente por razón de sexo constituye o no una conducta disconforme con lo estipulado en la norma de referencia. Pero lo que importa es que aquí tanto el supuesto de hecho como la conducta calificada deónticamente se encuentran genéricamente determinadas.
>
> Las cosas son distintas si de las reglas pasamos a los principios en estricto sentido. Utilicemos aquí como ejemplo el art. 14 de la Constitución española, al que antes se ha hecho referencia. Dicho artículo, en cuanto dirigido a guiar la conducta de los órganos jurídicos, podría reformularse de la siguiente manera: <<Si x es un órgano jurídico y x ha de dictar una norma, aplicarla, etc., y no resulta concurrente otro principio que, en relación con el caso, tenga una mayor fuerza, a dicho órgano le está prohibido establecer o hacer que prevalezca discriminación alguna por razón de raza, sexo, religión, opinión, o cualquier otra circunstancia personal o social>>. La diferencia con el art. 28 del Estatuto de los Trabajadores reside en que el art.14 de la Constitución el supuesto de hecho no se encuentra genéricamente determinado (esto es, se encuentra configurado de forma abierta), en tanto que ambas disposiciones se asemejan en la manera de configurar la conducta calificada deónticamente; en ambos casos está genéricamente determinado lo prohibido: pagar un salario diferente, discriminar.[142]

142 *Ibidem*, pp. 154-155.

En el ejemplo anterior se observa cómo la regla o norma es más específica que el principio jurídico, que en el mencionado caso se encuentra contenido en la Constitución española. Ambos tienen la finalidad de evitar una discriminación y un trato desigual y aunque el principio es más general, tiene muy clara la conducta que pretende regular apreciándose que las críticas que lo señalan de abstracto no son aplicables en este caso.

En ese mismo ejemplo la finalidad es un trato equitativo, pero ¿Qué ocurre si la regla o norma estableciera que el salario puede ser asignado por razón de género y no por razón de trabajo igual? ¿Qué prevalece? ¿La regla o norma o el principio?

¿Qué ocurre si existe una disposición jerárquicamente superior que establece que lo que la ley, norma o regla especifica establezca se aplicará por encima de los principios? Los siguientes cuestionamientos surgen cuando las normas no van en el mismo sentido que los principios. En el ejemplo abordado, el principio va en el mismo sentido que la norma, sin embargo, la controversia se presenta cuando la norma va incluso en contra de los principios. Por ello es la importancia de la ponderación y de observar las disposiciones establecidas para poder dar una solución basada en una buena argumentación que exponga razones por las cuales se debe aplicar el principio en lugar de la norma, como en el ejemplo del caso Riggs vs Palmer.

Para poder responder los cuestionamientos anteriores es importante señalar lo siguiente:

> Se ha indicado con frecuencia que la noción de poder constituye un ejemplo pragmático de <<concepto esencialmente contestado>> se puede indicar, sin embargo, que, como ha mostrado Steven Lukes (1974), lo que resulta contestado no es tanto el concepto de poder como las diversas concepciones de poder. En todo caso, para nuestros fines basta con un concepto de poder amplísimo, que subyace como mínimo común denominador en las diversas concepciones del poder y que podemos formular así: <<A tiene poder sobre B cuando A tiene la capacidad de afectar a los intereses de B>>. Por lo que se refiere a los intereses, basta asimismo considerar como tales los que cada gente considera así

> (sus <<intereses subjetivos>>) y los que podríamos llamar <<intereses objetivos>> en un sentido mínimo, como el postulado por J. C. Bayón (1991): aquellos que es razonable suponer que un agente consideraría como sus intereses, sobre la base de lo que él mismo considera como sus intereses últimos, si dispusiera de la información relevante sobre las conexiones pertinentes.[143]

De lo anteriormente citado se desprende el razonamiento que se señala de que A tiene poder sobre B cuando A tiene la capacidad de afectar los intereses de B, es el efecto de tener un sistema de gobierno. Sin embargo, cuando existe un exceso de beneficios particulares en el ejercicio de ese poder es cuando los principios toman una mayor relevancia.

Es así como se puede señalar lo siguiente:

> las normas jurídicas no sólo son el resultado de intereses y relaciones de poder, sino que ellas mismas configuran una estructura de poder; esto es, otorgan a ciertos individuos o grupos la capacidad de afectar los intereses de otros. Esta función de articulación —de normativización— de intereses puede llevarse a cabo de diversas formas...
>
> La primera de estas formas consisten en hacerlo por disposiciones jurídicas que posibiliten a sus destinatarios desarrollar su plan de vida sin necesidad de ponderar en cada ocasión de qué manera su acción podría afectar los intereses de otros agentes. Esta forma de proceder es típica de las reglas que tienen como destinatarios a las personas privadas, a la gente en general (y que, por otra parte, integran el criterio conforme al cual los órganos jurisdiccionales han de valorar la conducta de tales personas). Tales reglas consiguen evitar la necesidad de ponderación mediante tres mecanismos: en primer lugar, imponiendo restricciones recíprocas a la persecución por cada cual de sus propios intereses (las reglas que imponen deberes positivos o negativos); en segundo lugar, garantizando, en la persecución por parte de cada cual de sus propios intereses, una esfera de no interferencia por parte de otros agentes; y, en tercer lugar, posibilitando que los individuos alteren y enriquezcan, dentro de ciertos límites, el anterior entramado normativo (las reglas que confieren poderes normativos privados).[144]

---

143 *Ibidem*, p.155.

144 *Ibidem* pp. 155 y 156.

De la cita anterior se desprende la distinción de que las normas jurídicas en sí mismas constituyen estructuras de poder pues ellas otorgan la facultad a unos individuos de afectar los intereses de otros. Es por la razón anteriormente expresada, por lo que las normas deben ser constantemente analizadas y cuestionadas del porqué de su creación y de la forma de aplicación, así como de su finalidad. Pues al ser una estructura de poder que otorga, como ya se mencionó, facultades a determinados individuos de afectar los derechos de otros, se debe de establecer un control del ejercicio de ese poder mediante confrontaciones de los fines que persiguen. Por tal razón es importante destacar que dicha forma de operar no es suficiente cuando se observa lo siguiente:

> se entiende que el papel de los poderes públicos no se agota en el dictado de normas que delimiten el terreno dentro del cual cada uno puede perseguir sus propios intereses, sino que se extiende también a la promoción activa de determinados intereses sociales. Para conseguir este propósito, no resultan ya suficiente las reglas, sino que deben establecerse directrices o normas programáticas cuyo tratamiento de los intereses es característicamente diferente, pues las directrices no delimitan *ex ante* la articulación de los intereses en conflicto, sino que exigen en cada caso una ponderación de esos intereses que desemboque en una determinación del peso relativo de cada uno de ellos. Las directrices —cabría decir— no determinan los espacios de poder de una vez por todas y haciendo abstracción de los intereses realmente en presencia en cada caso —como sucede con las reglas—, sino que hacen depender dicha determinación de circunstancias variables y no determinables *a priori,* esto es, no contenidas en las normas.
>
> Finalmente, los ordenamientos jurídicos imponen restricciones a la persecución de intereses por parte de los diversos sujetos mediante la asunción de valores que se consideran *razones categóricas frente a cualesquiera intereses*. De ahí que —como se ha dicho— las normas que recogen tales valores —los principios en sentido estricto— prevalezcan frente a las directrices y jueguen un papel predominantemente negativo: los principios en sentido estricto no tratan de ordenar la concurrencia de intereses ni de promover unos u otros intereses sociales, sino de evitar que la persecución de cualesquiera intereses puedan dañar dichos valores. El que dichos valores se consideren como razones categóricas frente a cualesquiera intereses no excluye, obviamente, la posibilidad de

> que, frente a un determinado caso, se produzca un conflicto entre ellos. Conflicto que sólo cabe resolver tras una ponderación de la que resulte cuál es el valor que tiene un mayor peso, dadas todas las circunstancias del caso.[145]

Los principios en ocasiones pueden ser contradictorios o pueden tener directrices contrarias, para ello es la importancia de la ponderación, pues mediante el uso de la misma se va a determinar qué principio prevalece frente a otro y mediante las herramientas analizadas en la presente obra se podrán estructurar razonamientos que expliquen la prevalencia de una norma sobre un principio y viceversa.

Los principios en el derecho natural y el positivismo jurídico

Se ha analizado en la presente obra las corrientes del derecho natural o iusnaturalismo y la del positivismo jurídico. En este apartado se analizará la forma de observancia de los principios dentro de las corrientes iusnaturalista y positivista, así como la forma en que los aborda el método jurídico. Como ya se señaló, con la inserción del método científico al derecho, se crean las dos corrientes más fuertes del mismo, el iusnaturalismo y el positivismo jurídico.

Es así como se observa que:

> el concepto de derecho natural se humaniza, desplazando la idea del fundamento del derecho de Dios, al del conocimiento, por lo que sus principios, considerados anteriormente como inalterables, forman parte de la naturaleza humana, de su conducta, convirtiéndose en la razón natural la que establece sus normas, sumándose a las leyes jurídicas creadas por el hombre, pero teniendo siempre como divisa la naturaleza de las cosas como causa primera; acudiendo a los conceptos de los fines supremos de la vida social, como seguridad, justicia, equidad y bien común. La naturaleza de las cosas representa un hecho esencial, ya que procura la ordenación de un modo natural, considerando por ello como poste-

---

145 *Ibidem*, pp. 156 y 157.

> riormente lo hace Norberto Bobbio, la naturaleza de un objeto, la naturaleza de un sujeto, la naturaleza de un comportamiento, y la naturaleza de una institución, que no es otra cosa que su función económica y social.[146]

En ese mismo entendido, los principios para el iusnaturalismo son los fundamentos que van aparejados con los conceptos intrínsecos de la naturaleza del ser humano como la justicia, el bien común, entre otros. Entonces se observa que, dentro de la corriente iusnaturalista, las ponderaciones de principios que se realicen, el factor de peso se encontrará relacionado con el grado de apego que tenga el principio jurídico con los postulados de la misma.

Para el positivismo jurídico, un factor de peso relevante en la ponderación de principios es la siguiente consideración:

> La doctrina positivista considera el hecho de que las reglas o normas que gobiernan la conducta social, deben ser observadas por los destinatarios de las mismas, en virtud de que se someten voluntariamente a ellas o les son impuestas, con eficacia, por el poder jurídico-social vigente. Para los seguidores de esta corriente no existe la justicia como categoría absoluta, sino una justicia incorporada al ordenamiento positivo en virtud de métodos científicos, establecía la relatividad de la justicia, por lo que el derecho y la justicia eran sinónimos de una misma experiencia, la de la legislación.[147]

Es decir, para el positivismo jurídico, la legislación es más importante que los aspectos filosóficos. Por ello en la ponderación de principios, el factor de peso es el que se apegue más a los postulados de esta corriente jurídica, que el sistema jurídico los reconozca.

Por tal razón se encuentran muchas disparidades en las resoluciones de los juzgadores. Si la controversia se presenta ante un juzgador que tenga como fundamento de su criterio jurídico al

---

146 Morales Hernández, Manuel, *op. cit.*, nota 39, p. 77.
147 *Ibidem*, pp. 84 y 85.

iusnaturalismo, las resoluciones serán apegadas a los principios de esa corriente.

Si la controversia se presenta ante un juzgador que tenga como fundamento de su criterio jurídico al positivismo, las resoluciones serán apegadas a la corriente positivista o en su caso serán apegadas a algunas otras corrientes que se desprenden de la positivista o iusnaturalista. Sin embargo, el verdadero jurista debe estar dotado de conocimientos jurídicos sustentables que le permitan un ejercicio profesional integral y de alta calidad.

Por tal razón resulta importante señalar la siguiente cita:

> los principios no se pueden "aplicar" como una receta de cocina; con dichos principios no obra la "subsunción" de la forma que opera con los preceptos del hurto. Para esto, ellos son demasiado generales y también muy normativos. Pero tales principios son tópicos (*topoi*) muy importantes de la argumentación y tienen, por ende, gran peso cuando se trata de la protección de las minorías y de los más débiles.[148]

Los principios jurídicos, por su estructura, es difícil aplicarlos por subsunción o establecer una formula única para su aplicación pues todo depende del caso en específico en el que se pretendan aplicar, por ello la importancia de la argumentación en la pre aplicación, aplicación y post aplicación de los mismos, pues los razonamientos que se expongan para explicar la decisión de aplicarlos deben ser contundentes, por ello retoman su peso jurídico al momento de aplicarse para defender los derechos de los más desprotegidos, pues en muchas ocasiones la ley contenida en códigos no alcanza a llegar a esos grupos, ahí es donde los principios sí llegan. Para explicar de mejor forma lo anteriormente expuesto se citarán los siguientes ejemplos:

---

148 Kaufmann, Arthur, *Filosofía del derecho*, 2ª. ed., *trad.* de Luis Villar Borda y Montoya, Ana María, Colombia, Universidad Externado de Colombia, 2002, p. 338.

1. El principio del *suum cuique tribuere* (Cicerón): a cada quien se le debe garantizar lo suyo. Lo mínimo que a cada quien le corresponde es su vida propia, individual, insustituible, su identidad. Por tanto, cada quien tiene derecho a manejar su vida conforme a sus inclinaciones (sin duda no cuando se trata de inclinaciones que amenazan a la comunicad) así sea una vida "mediocre" o "defectuosa". Protección absoluta de la vida.

2. La *regla de oro* ("Sermón de la montaña", Jesús). Su forma positiva: haz a los demás aquello que desearías que los demás hiciesen por ti. Es decir, persigue el bienestar de tu hijo enfermo, así como, si tú estuvieses enfermo, te gustaría que cuidaran de ti (y no te mataran). En su forma negativa: no hagas a los demás aquello que no deseas que te hagan. Por consiguiente, si tú no deseas ser manipulado, entonces no propagues la manipulación genética y no la practiques en otros. No violencia, debe ser asistencia.

3. El *imperativo categórico* (Kant): a) Obra de acuerdo con tales máximas que tú puedas desear se erijan en leyes generales. b) Obra de tal manera que consideres a la humanidad en tu persona, así como en la persona de cualquier otro, siempre, a un mismo tiempo, como fin y nunca tan sólo como medio. Si no deseas ser la copia del otro, entonces tampoco fomentes la clonación de personas en general. Autonomía dignidad humana.

4. El *principio de juego limpio* (John Rawls): obra de tal manera que todos los interesados participen de igual forma tanto en las ventajas como en las desventajas. Un proyecto que sólo traiga consigo avances y provecho para la mayoría pero que perjudique, exclusivamente, a la minoría no es justo. Protección a las minorías.

5. El *principio de responsabilidad* (Hans Jonas): obra de tal manera que las consecuencias de tu acción no destruyan, amenacen o disminuyan la posibilidad de la vida humana y

de su medio ambiente hoy y en el futuro. En consecuencia, no practiques tecnologías genéricas cuyo progreso de vanguardia un día se transforme en daños imprevisibles para la humanidad. Ética de la ecología, ética del futuro.

6. El *principio de tolerancia* (Arthur Kaufmann): obra de tal forma que las consecuencias de tu acción sean compatibles con el mayor rechazo o la más significativa disminución de la miseria humana. Así: respeta y reconoce aun a aquellos cuya vida en la sociedad vale poco: a los impedidos, a los concebidos no nacidos, a los moribundos, a los llamados, con cinismo "indignos de vivir". Utilitarismo negativo.

Las argumentaciones a partir de dichos principios (todavía existen más), los cuales se encuentran todos relacionados entre sí, no son obligatorias. Podría ser, no obstante, que fuesen en alto grado evidentes. Ellas guardan el punto medio aristotélico entre la pretensión de absoluto u la de la relatividad.[149] Los anteriores ejemplos son principios que pretenden establecer criterios que permitan observar el mayor número de elementos al momento de resolver alguna situación jurídica, reiterando nuevamente que dichos principios citados se convierten en jurídicos cuando el sistema jurídico los incorpora. A los elementos anteriormente analizados, se suma un elemento actual de un peso jurídico trascendental que transforma al sistema jurídico mexicano desde la raíz, estoy refiriéndome al principio *pro persona* contenido en nuestra Constitución en el artículo 1, párrafos primero, segundo y tercero. Dicho principio es la fuente de origen del siguiente capítulo.

---

149 *Ibidem*, pp. 338 y 339.

Capítulo VI

Jerarquía de normas en México

1. PANORAMA GENERAL

a) Objetivo particular del capítulo

En el presente capítulo se analizará el principio *pro persona* y los efectos que produce la inserción del mismo en el derecho mexicano, así como la intervención de la argumentación jurídica, de los principios jurídicos y de la ponderación en su aplicación y en la determinación del lugar que ocupa constitucionalmente. Se analizará la jerarquización de normas a partir del principio *por persona* y se confrontará al artículo primero de la Constitución de los Estados Unidos Mexicanos, en sus párrafos primero, segundo y tercero con otros preceptos constitucionales para determinar la jerarquía que debe imperar al momento de impartir justicia.

2. FORMA DE APLICAR EL DERECHO EN MÉXICO A TRAVÉS DE LA INTERPRETACIÓN, ARGUMENTACIÓN JURÍDICA Y LOS PRINCIPIOS JURÍDICOS EN ATENCIÓN AL PRINCIPIO *PRO PERSONA*

a) Análisis del artículo primero constitucional, párrafo primero, segundo y tercero

Confrontación del artículo primero constitucional y diversos preceptos legales

A lo largo del presente trabajo se han analizado las corrientes del positivismo jurídico, del iusnaturalismo, entre otras y los métodos más importantes de interpretación, la teoría de la argumentación jurídica y el rol de los principios generales del derecho.

En el presente capítulo se abordará unas formas de utilizar los elementos de derecho anteriormente señalados a partir de la reforma del artículo primero de la Constitución Política de los Estados Unidos Mexicanos. La reforma antes citada se realiza el diez de junio de dos mil once, en sus párrafos primero, segundo y tercero y establece lo siguiente:

> **Artículo 1o.** En los Estados Unidos Mexicanos todas las personas gozarán de los derechos humanos reconocidos en esta Constitución y en los tratados internacionales de los que el Estado Mexicano sea parte, así como de las garantías para su protección, cuyo ejercicio no podrá restringirse ni suspenderse, salvo en los casos y bajo las condiciones que esta Constitución establece.
>
> (Reformado mediante Decreto publicado en el Diario Oficial de la Federación el 10 de junio de 2011)
>
> Las normas relativas a los derechos humanos se interpretarán de conformidad con esta Constitución y con los tratados internacionales de la materia favoreciendo en todo tiempo a las personas la protección más amplia. (Adicionado mediante Decreto publicado en el Diario Oficial de la Federación el 10 de junio de 2011)
>
> Todas las autoridades, en el ámbito de sus competencias, tienen la obligación de promover, respetar, proteger y garantizar los derechos humanos de conformidad con los principios de universalidad, interdependencia, indivisibilidad y progresividad. En consecuencia, el Estado deberá prevenir, investigar, sancionar y reparar las violaciones a los derechos humanos, en los términos que establezca la ley. (Adicionado mediante Decreto publicado en el Diario Oficial de la Federación el 10 de junio de 2011)[150]

El análisis del artículo anteriormente citado se realizará por partes, comenzando por lo establecido en el primer párrafo inicialmente que señala: "En los Estados Unidos Mexicanos todas las personas gozarán de los derechos humanos reconocidos en esta

---

150 *Constitución Política de los Estados Unidos Mexicanos*, [en línea], http://www.diputados.gob.mx/LeyesBiblio/pdf/1_240217.pdf, [consulta: 9 de enero , 2023].

Constitución y en los tratados internacionales de los que el Estado Mexicano sea parte".[151]

La Constitución establece que además de los derechos humanos que contiene la misma, también se deberán respetar, por parte del Estado mexicano, los derechos humanos contenidos en los tratados internacionales en los que México sea parte. Con esta disposición se hace más amplio el catálogo de derechos que gozan las personas.

Es importante señalar que ya no utiliza el termino de gobernados, individuos, ciudadanos, etcétera, el término que utiliza es el de personas. Con ello fortalece la disposición señalada, pues al establecer que las personas gozarán de dichos derechos humanos, dispone que antes de ser individuos, gobernados, ciudadanos, somos personas.

En la segunda parte del párrafo en análisis se señala que: "así como de las garantías para su protección, cuyo ejercicio no podrá restringirse ni suspenderse, salvo en los casos y bajo las condiciones que esta Constitución establece".[152]

Con tal disposición se va dando forma a un nuevo sistema jurídico, pues no podrá suspenderse la protección de los derechos humanos a las personas solo en los casos que la misma constitución establece, principalmente en el artículo 29 que en su primer párrafo establece:

> **Artículo 29.** En los casos de invasión, perturbación grave de la paz pública, o de cualquier otro que ponga a la sociedad en grave peligro o conflicto, solamente el Presidente de los Estados Unidos Mexicanos, con la aprobación del Congreso de la Unión o de la Comisión Permanente cuando aquel no estuviere reunido, podrá restringir o suspender en todo el país o en lugar determinado el ejercicio de los derechos y las garantías que fuesen obstáculo para hacer frente, rápida y fácilmente a la situación; pero deberá hacerlo por un tiempo limitado, por medio de prevenciones generales

---

151 *Idem.*

152 *Idem*

> y sin que la restricción o suspensión se contraiga a determinada persona. Si la restricción o suspensión tuviese lugar hallándose el Congreso reunido, éste concederá las autorizaciones que estime necesarias para que el Ejecutivo haga frente a la situación; pero si se verificase en tiempo de receso, se convocará de inmediato al Congreso para que las acuerde.[153]

Es decir, para que el Estado pueda suspender el goce de los derechos humanos contenidos en la Constitución y en los tratados internacionales de derechos humanos en los que sea parte, principalmente, debe de ocurrir lo que señala el artículo antes citado, una invasión, una perturbación grave de la paz pública, misma que debe estar debidamente fundada y acreditada. Y de cualquier otro peligro grave que ponga en riesgo a la sociedad, es decir, un peligro grave que sea lo suficientemente riesgoso para la nación. De no ocurrir lo anteriormente señalado y que sea algo verdaderamente acreditado, no basado en autoritarismos ni falsas presunciones, no se puede suspender el goce de los derechos humanos ni de las garantías para su protección, pues como lo establece el mismo artículo, únicamente los puede suspender el presidente de la república con la aprobación del congreso, es decir, si no existe la aprobación del congreso o de la comisión permanente cuando dicho congreso no se encuentre reunido, no se pueden suspender.

Para el caso de que se llegaran a suspender cumpliendo las formalidades anteriormente señaladas, se debe hacer en la parte del territorio que presenta la afectación, por tiempo limitado y sin distinción de personas, es decir, de manera general y es sólo, reiterando, para hacer frente a la situación de riesgo.

Al analizar lo anterior, aunque muchos autores lo denominan al artículo 29 constitucional como suspensión de garantías, considero que el artículo 29 es una garantía como tal, pues si no se dan los supuestos que el mismo establece, no se pueden suspen-

---

153 *Constitución Política de los Estados Unidos Mexicanos*, [en línea], http://www.diputados.gob.mx/LeyesBiblio/pdf/1_240217.pdf, [consulta: 9 de enero, 2023].

der los derechos humanos ni las garantías para su protección, por tal razón, lejos de considerarlo como suspensión de garantías, es en sí mismo una garantía más para la protección de los derechos humanos.

Entonces relacionando el artículo 1 constitucional párrafo primero con el 29 constitucional párrafo primero, sostengo que los derechos humanos no se pueden suspender o restringir, solo en los casos que exista una perturbación grave para el Estado y que ponga en riesgo la existencia del mismo a través de graves peligros para su población, mismos peligros deberán de ser totalmente reales e inminentes, de lo contrario no son de peso para la suspensión de los derechos de las personas y en gran relevancia los derechos humanos.

Pasando al párrafo segundo del artículo primero constitucional en su primera parte establece: "Las normas relativas a los derechos humanos se interpretarán de conformidad con esta Constitución y con los tratados internacionales de la materia favoreciendo en todo tiempo a las personas la protección más amplia."[154]

En dicho párrafo señala a las normas relativas a los derechos humanos, pero podríamos preguntarnos ¿Cuáles son las normas relativas a los derechos humanos? Considero que son todas las normas que intervienen en la vida y en el desarrollo integral de las personas. Aunque muchos operadores jurídicos señalan que la materia civil, mercantil y fiscal poco tienen que ver con los derechos humanos, difiero totalmente con esa ideología, pues sostengo que todas las áreas del derecho se encuentran relacionadas a los derechos humanos.

Como ejemplo puedo señalar lo siguiente:

La Corte Interamericana de Derechos Humanos ha decretado que el denominado debido proceso es un derecho humano. Encontramos en el artículo 8.1 de la Convención Americana Sobre

---

[154] *Idem.*

Derechos Humanos suscrita en la Conferencia Interamericana sobre Derechos Humanos lo siguiente:

> **Artículo 8.** Garantías Judiciales
>
> 1. Toda persona tiene derecho a ser oída, con las debidas garantías y dentro de un plazo razonable, por un juez o tribunal competente, independiente e imparcial, establecido con anterioridad por la ley, en la sustanciación de cualquier acusación penal formulada contra ella, o para la determinación de sus derechos y obligaciones de orden civil, laboral, fiscal o de cualquier otro carácter.[155]

En relación con lo anterior, nuestra Constitución señala en su artículo 14, segundo párrafo lo siguiente:

> Nadie podrá ser privado de la libertad o de sus propiedades, posesiones o derechos, sino mediante juicio seguido ante los tribunales previamente establecidos, en el que se cumplan las formalidades esenciales del procedimiento y conforme a las Leyes expedidas con anterioridad al hecho.[156]

Relacionando el artículo 8.1 de la Convención Americana de Derechos Humanos y el artículo 14 de nuestra Constitución, puedo decir que el debido proceso es la garantía que tiene toda persona de gozar de un juicio que cumpla las formalidades del mismo ante las autoridades competentes establecidas antes de ocurrido el hecho y conforme a las leyes expedidas para regular dicha conducta, expedidas también con anterioridad al hecho y respetando el catálogo de derechos humanos que gozan las personas. En ese mismo contexto, todas las normas deben respetar los derechos humanos y dependiendo la materia de dicha norma, el proceso para su aplicación toma sus formalidades siempre observando el catálogo de derechos humanos, de violentarse alguno se actuali-

---

155 *Convención Americana Sobre Derechos Humanos,* [en línea], http://www.oas.org/dil/esp/tratados_B32_convencion_americana_sobre_derechos_humanos.htm, [consulta: 9 de enero, 2023].

156 *Constitución Política de los Estados Unidos Mexicanos,* [en línea], http://www.diputados.gob.mx/LeyesBiblio/pdf/1_240217.pdf, [consulta: 9 de enero, 2023].

zan los supuestos establecidos por la Constitución en sus párrafos primero, segundo y tercero.

Es así como se observa que las normas jurídicas destinadas a regular conductas de las personas, de no cumplir con los lineamientos de creación, de respeto al catálogo de derechos humanos vulneran el llamado debido proceso, por tal razón considero que todas las áreas del derecho concurren en dicho derecho humano, por lo tanto, todas las áreas del derecho son intervenidas por los derechos humanos.

En la siguiente parte del segundo párrafo del artículo primero en análisis establece lo siguiente: "se interpretarán de conformidad con esta Constitución y con los tratados internacionales de la materia favoreciendo en todo tiempo a las personas la protección más amplia".

Es en la parte en análisis del artículo primero constitucional, párrafo segundo, donde se encuentra el fundamento del denominado coloquialmente *bloque constitucional*. El bloque constitucional se encuentra conformado por los derechos humanos que contiene nuestra Constitución, así como aquellos contenidos en los tratados internacionales en los que México sea parte y por criterio de la Suprema Corte de Justicia de la Nación, la jurisprudencia de la Corte Interamericana de Derechos Humanos. Es decir, el derecho local, el sistema jurídico mexicano, está obligado constitucionalmente a observar los derechos humanos contenidos en los instrumentos anteriormente mencionados y armonizar las legislaciones nacionales con los mismos. Para el caso que exista alguna contradicción de la *unidad constitucional* llamado coloquialmente *bloque constitucional* con alguna otra disposición local, se aplicará la que mayormente favorezca a la persona, es aquí donde aparece el denominado principio *pro persona*. Dicho principio obliga a interpretar a la ley favoreciendo en todo tiempo a las personas la protección más amplia, para determinar la ley que mejor favorece a la persona es necesario utilizar las herramientas jurídicas analizadas en la presente obra.

En ese contexto nuevamente se abordará el artículo 14 de nuestra Constitución en su último párrafo establece lo siguiente: "En los juicios del orden civil, la sentencia definitiva deberá ser conforme a la letra o a la interpretación jurídica de la ley, y a falta de ésta se fundará en los principios generales del derecho".[157]

Como ya se analizó en el capítulo correspondiente a las formas de interpretación, el artículo 14 constitucional, último párrafo, obliga al juzgador a aplicar la interpretación gramatical en los juicios de orden civil, es decir ordena al juzgador a aplicar la ley conforme a su letra reduciéndolo a un dictador de la misma.

Sin embargo, el artículo primero constitucional en su párrafo segundo señala la forma de interpretación más importante que cualquier otra, la interpretación a favor de la protección más amplia de la persona esto es el principio *pro persona*. Es decir, el principio *pro persona* es interpretar la ley favoreciendo en todo momento la protección más amplia de la persona. Con dicho principio se modifica un paradigma sobre la forma de aplicar las leyes del positivismo jurídico, de la interpretación gramatical y de los formalismos de aplicación y de interpretación del derecho. Pues en el caso del artículo 14 último párrafo de nuestra constitución que ordena al juez emitir una sentencia conforme a la letra de la ley, ahora por encima de dicha disposición, se encuentra la interpretación a favor de la persona en todo momento, es decir, que si el juez en aplicación del artículo 14 constitucional, último párrafo, aplica una interpretación gramatical conforme a la letra de la ley en una sentencia, pero esa ley va en contra de algún derecho humano del que la persona goce, ya sea derivado de nuestra constitución o de algún tratado internacional, o de la jurisprudencia de la Corte Interamericana de Derechos Humanos, el juez que atendió a la literalidad de la ley incurrirá en responsabilidad por la violación al derecho humano, no siendo factor el argumento de que aplicó el artículo 14 en su último párrafo, pues en la ponderación de derechos, se encuentra por encima el principio *pro*

---

[157] *Idem.*

persona del artículo primero constitucional, párrafo segundo, que la interpretación gramatical establecida en el artículo 14 constitucional, último párrafo. Con ello el juez pasa de ser un dictador del derecho a ser un creador de derecho.

Con la inserción del principio *pro persona* a nuestro derecho, existe la posibilidad de subsanar las aberraciones jurídicas de nuestro sistema jurídico. Pues en lo que considero una inadecuada aplicación del positivismo jurídico, se crean y aplican normas que en muchas ocasiones no cumplen con los lineamientos de dicho positivismo. Lo cumplen en el sentido de que se niega se mezcle la norma con los aspectos de justicia o aspectos de filosofía del derecho, pues los creadores de dichas normas lo han pensado al momento de la creación de la misma, por tal razón muchos juzgadores se abocan únicamente a aplicar la norma de manera literal. Sin embargo, se ha olvidado por parte de los operadores jurídicos que realizan dicha práctica de un factor de validez que señala no sólo Kelsen, también Bobbio y otros doctrinarios del positivismo jurídico y ese factor es el apego a los procesos de creación. En nuestro sistema observamos un sinnúmero de leyes que no atienden a la constitución e incluso se desapegan en ocasiones totalmente de ella.

Con el principio *pro persona,* se podrán combatir esas aberraciones jurídicas, pues la interpretación de favorecer a la persona en todo momento, echa abajo las leyes que responden a atender intereses personales o con fines partidistas. Es importante señalar que para evitar que al cobijo del principio *pro persona* o también denominado *pro homine* se deje en impunidad a aquellos responsables de acciones que perjudiquen a la sociedad es fundamental hacer uso de las herramientas analizadas en la presente obra para cimentar, estructurar y culminar un razonamiento jurídico eficaz y de esa forma eliminar la posibilidad de que acciones delictivas queden impunes en un ejercicio incorrecto del principio *pro persona* pues la finalidad del mismo no es otorgar impunidad a los delincuentes, la finalidad del principio *pro persona* es reducir la desigualdad en la sociedad mexicana mediante el respeto de los derechos humanos principalmente de los más desfavorecidos, aunque no por ello deje de dar protección a la sociedad en general.

De igual forma se transforma la jerarquización de normas Kelseniana ahora considero, que en esa misma jerarquización de normas en la cima en materia de protección derechos humanos ya no se encuentran los tratados internacionales ni los considerandos de las sentencias de la Corte Interamericana de Derechos Humanos, ahora se encuentra el principio *pro persona,* pues la misma Constitución le da ese rango, es decir, la norma hipotética fundamental a la cual se refiere Kelsen es ahora, en el sistema jurídico mexicano, la norma que favorezca la protección más amplia a la persona independientemente de que sea local, federal o que se encuentre contenida en un tratado internacional.

b) Ubicación jerárquica de los tratados internacionales con relación a la Constitución

Análisis de diversos criterios de la Suprema Corte de Justicia de la Nación

En mil novecientos noventa y nueve la Suprema Corte de justicia de la Nación emite un criterio que señala lo siguiente:

> **TRATADOS INTERNACIONALES. SE UBICAN JERÁRQUICAMENTE POR ENCIMA DE LAS LEYES FEDERALES Y EN UN SEGUNDO PLANO RESPECTO DE LA CONSTITUCIÓN FEDERAL.**
>
> Persistentemente en la doctrina se ha formulado la interrogante respecto a la jerarquía de normas en nuestro derecho. Existe unanimidad respecto de que la Constitución Federal es la norma fundamental y que, aunque en principio la expresión
>
> "serán la Ley Suprema de toda la Unión ..." parece indicar que no sólo la Carta Magna es la suprema, la objeción es superada por el hecho de que las leyes deben emanar de la Constitución y ser aprobadas por un órgano constituido, como lo es el Congreso de la Unión y de que los tratados deben estar de acuerdo con la Ley Fundamental, lo que claramente indica que sólo la Constitución es la Ley Suprema. El problema respecto a la jerarquía de las demás

normas del sistema, ha encontrado en la jurisprudencia y en la doctrina distintas soluciones, entre las que destacan: supremacía del derecho federal frente al local y misma jerarquía de los dos, en sus variantes lisa y llana, y con la existencia de "leyes constitucionales", y la de que será ley suprema la que sea calificada de constitucional. No obstante, esta Suprema Corte de Justicia considera que los tratados internacionales se encuentran en un segundo plano inmediatamente debajo de la Ley Fundamental y por encima del derecho federal y el local. Esta interpretación del artículo 133 constitucional, deriva de que estos compromisos internacionales son asumidos por el Estado mexicano en su conjunto y comprometen a todas sus autoridades frente a la comunidad internacional; por ello se explica que el Constituyente haya facultado al presidente de la República a suscribir los tratados internacionales en su calidad de jefe de Estado y, de la misma manera, el Senado interviene como representante de la voluntad de las entidades federativas y, por medio de su ratificación, obliga a sus autoridades. Otro aspecto importante para considerar esta jerarquía de los tratados, es la relativa a que en esta materia no existe limitación competencial entre la Federación y las entidades federativas, esto es, no se toma en cuenta la competencia federal o local del contenido del tratado, sino que por mandato expreso del propio artículo 133 el presidente de la República y el Senado pueden obligar al Estado mexicano en cualquier materia, independientemente de que para otros efectos ésta sea competencia de las entidades federativas. Como consecuencia de lo anterior, la interpretación del artículo 133 lleva a considerar en un tercer lugar al derecho federal y al local en una misma jerarquía en virtud de lo dispuesto en el artículo 124 de la Ley Fundamental, el cual ordena que "Las facultades que no están expresamente concedidas por esta Constitución a los funcionarios federales, se entienden reservadas a los Estados.". No se pierde de vista que, en su anterior conformación, este Máximo Tribunal había adoptado una posición diversa en la tesis P. C/92, publicada en la Gaceta del Semanario Judicial de la Federación, Número 60, correspondiente a diciembre de 1992, página 27, de rubro: "LEYES FEDERALES Y TRATADOS INTERNACIONALES. TIENEN LA MISMA JERARQUÍA NORMATIVA."; sin embargo, este Tribunal Pleno considera oportuno abandonar tal criterio y asumir el que considera la jerarquía superior de los tratados incluso frente al derecho federal.

Amparo en revisión 1475/98. Sindicato Nacional de Controladores de Tránsito Aéreo. 11 de mayo de 1999. Unanimidad de diez votos. Ausente: José Vicente Aguinaco Alemán. Ponente: Humberto Román Palacios. Secretario: Antonio Espinoza Rangel.

> El Tribunal Pleno, en su sesión privada celebrada el veintiocho de octubre en curso, aprobó, con el número LXXVII/1999, la tesis aislada que antecede; y determinó que la votación es idónea para integrar tesis jurisprudencial. México, Distrito Federal, a veintiocho de octubre de mil novecientos noventa y nueve.
>
> Nota: Esta tesis abandona el criterio sustentado en la tesis P. C/92, publicada en la Gaceta del Semanario Judicial de la Federación Número 60, Octava Época, diciembre de 1992, página 27, de rubro: "LEYES FEDERALES Y TRATADOS INTERNACIONALES. TIENEN LA MISMA JERARQUÍA NORMATIVA.[158]

Del criterio citado anteriormente se realiza la jerarquización de las normas en México como se aprecia en el siguiente esquema.

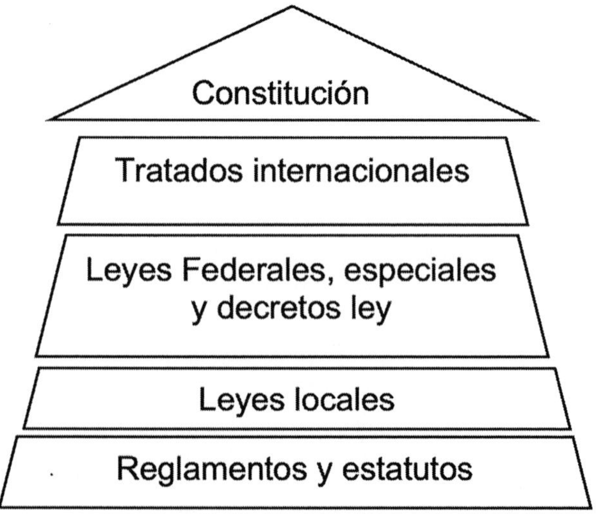

Figura 7. Elaboración propia.

En el esquema anterior se observa que la Constitución se encuentra en la cima de la jerarquización de normas Kelseniana y debajo de ella los tratados internacionales por encima de las leyes federales.

---

[158] Tesis: P.LXXVII/99, Semanario *Judicial de la Federación y su Gaceta,* Novena Época, t. X, noviembre de 1999, p. 46.

En el sistema jurídico mexicano, en la actualidad, la jerarquización de normas, de acuerdo con el criterio de la Suprema Corte de Justicia de la Nación, se encuentra de la siguiente forma:

Contradicción de Tesis 293/2011.
"SCJN determina que las normas sobre derechos humanos contenidas en Tratados Internacionales tienen rango constitucional".

Antecedentes

El 24 de junio de 2011 en la Oficina de Certificación Judicial y Correspondencia de la Suprema Corte de Justicia de la Nación (en adelante SCJN), se denunció la posible contradicción de tesis entre los criterios sostenidos por el Primer Tribunal Colegiado en Materias Administrativa y de Trabajo del Décimo Primer Circuito y por el Séptimo Tribunal Colegiado en Materia Civil del Primer Circuito.

Una vez registrada la contradicción de tesis bajo el número 293/2011, el Presidente del Alto Tribunal ordenó el envío del asunto a la Primera Sala de la SCJN, bajo la Ponencia del Ministro Arturo Zaldívar Lelo de Larrea para la elaboración del proyecto de resolución correspondiente.

Posteriormente, en virtud de la trascendencia del tema que se analizaba, la Primera Sala de la SCJN determinó enviar el asunto al Tribunal Pleno, para su discusión y resolución.

Resolución

Con la finalidad de comprender a plenitud la decisión del Alto Tribunal, a continuación, se mencionan los criterios contradictorios de los tribunales colegiados, los cuales se encuentran divididos en 2 temas.

PRIMER TEMA: Posición jerárquica de los tratados internacionales en materia de derechos humanos frente a la Constitución.

a. El Séptimo Tribunal Colegiado en Materia Civil del Primer Circuito estableció que derivado de la tesis *"TRATADOS INTERNACIONALES. SE UBICAN JERÁRQUICAMENTE POR ENCIMA DE LAS LEYES FEDERALES Y EN SEGUNDO PLANO RESPECTO DE LA CONSTITUCIÓN FEDERAL"* establecida por el Tribunal Pleno, los tratados internacionales en materia de derechos humanos se ubicaban jerárquicamente por debajo de la Constitución.

b. Por otra parte, el Primer Tribunal Colegiado en Materia Administrativa y de Trabajo del Décimo Primer Circuito, señaló que "*cuando se trate de un conflicto que verse sobre derechos humanos, los tratados o convenciones internacionales suscritos por el Estado Mexicano, deben ubicarse propiamente a nivel de la Constitución*", de tal posicionamiento derivó la siguiente tesis: *"TRATADOS INTERNACIONALES. CUANDO LOS CONFLICTOS SE SUSCITEN EN RELACIÓN CON DERECHOS HUMANOS, DEBEN UBICARSE A NIVEL DE LA CONSTITUCIÓN"*.

SEGUNDO TEMA: Valor de la Jurisprudencia emitida por la Corte Interamericana de Derechos Humanos (en adelante Corte IDH).

a El Séptimo Tribunal Colegiado en Materia Civil del Primer Circuito argumentó que es posible invocar la jurisprudencia de la Corte Interamericana de Derechos Humanos como *criterio orientador* cuando se trate de la interpretación y cumplimiento de disposiciones protectoras de derechos humanos. Derivado de tal criterio, surgió la tesis del siguiente rubro: "*JURISPRUDENCIA INTERNACIONAL. SU UTILIDAD ORIENTADORA EN MATERIA DE DERECHOS HUMANOS*".

b. Por otra parte, el Primer Tribunal Colegiado en Materias Administrativa y de Trabajo del Décimo Primer Circuito señaló en diversas consideraciones que la jurisprudencia internacional en materia de derechos humanos era obligatoria.

Del estudio de los criterios antes expuestos, el Tribunal Pleno de la SCJN determinó la existencia de la contradicción de tesis denunciada.

Así, el Alto Tribunal procedió a la discusión de los temas los días 26, 27 y 29 de agosto, así como el 2 y 3 de septiembre, todos de 2013, que concluyó con las siguientes determinaciones:

Respecto al primer tema relativo al posicionamiento de las normas sobre derechos humanos contenidos en tratados internacionales en relación con la Constitución, el Máximo Tribunal, por mayoría de 10 votos, sostuvo que existe un reconocimiento en conjunto de derechos humanos cuyas fuentes son la Constitución y los tratados internacionales de los cuales el Estado mexicano es parte.

Además, se estableció que de la interpretación literal, sistemática y originalista del contenido de las reformas constitucionales de 6 y 10 de junio de 2011, se desprende que las normas de derechos humanos, independientemente de su fuente, no se relacionan en términos jerárquicos, sin embargo, cuando la Constitución establezca una restricción expresa al ejercicio de los derechos humanos, se deberá estar a lo que indica la norma constitucional. En este sentido, los derechos humanos, con independencia de su fuente, constituyen el parámetro de control de regularidad constitucional, conforme al cual debe analizarse la validez de todas las normas y actos de autoridad que forman parte del ordenamiento jurídico mexicano.

Por último, en cuanto al segundo tema relativo al valor de la jurisprudencia emitida por la Corte IDH, el Tribunal Pleno determinó por mayoría de 6 votos, que la jurisprudencia emitida por la Corte Interamericana de Derechos Humanos es vinculante para los todos los órganos jurisdiccionales, siempre que dicho precedente favorezca en mayor medida a las personas.

Así, los criterios jurisprudenciales de la Corte IDH, son vinculantes con independencia de que el Estado mexicano haya sido parte en el litigio ante dicho tribunal, pues constituyen una extensión de los tratados internacionales que interpreta, toda vez que en dichos criterios se determina el contenido de los derechos humanos previstos en ellos.

Es importante mencionar que, en cumplimiento de este mandato, los juzgadores deben atender a lo siguiente:

1. Cuando el criterio se haya emitido en un caso en el que el Estado mexicano haya sido parte, la aplicabilidad del precedente al caso específico debe determinarse con base en la verificación de la existencia de las mismas razones que motivaron el pronunciamiento;
2. En todos los casos en que sea posible, debe armonizarse la jurisprudencia interamericana con la nacional; y
3. De ser imposible la armonización, debe aplicarse el criterio que resulte más favorecedor para la protección de los derechos humanos de las personas.[159]

De esa forma se observa que la Suprema Corte determinó los lineamientos que en cuanto a la jerarquización de las normas dejando de lado los anteriores incluyendo al citado de mil novecientos noventa y nueve, para quedar como se explica mediante el siguiente razonamiento:

> DERECHOS HUMANOS CONTENIDOS EN LA CONSTITUCIÓN Y EN LOS TRATADOS INTERNACIONALES. CONSTITUYEN EL PARÁMETRO DE CONTROL DE REGULARIDAD CONSTITUCIONAL, PERO CUANDO EN LA CONSTITUCIÓN HAYA UNA RESTRICCIÓN EXPRESA AL EJERCICIO DE AQUELLOS, SE DEBE ESTAR A LO QUE ESTABLECE EL TEXTO CONSTITUCIONAL.
>
> JURISPRUDENCIA EMITIDA POR LA CORTE INTERAMERICANA DE DERECHOS HUMANOS. ES VINCULANTE PARA LOS JUECES MEXICANOS SIEMPRE QUE SEA MÁS FAVORABLE A LA PERSONA.
>
> DERECHOS HUMANOS CONTENIDOS EN LA CONSTITUCIÓN Y EN LOS TRATADOS INTERNACIONALES. CONSTITUYEN EL PARÁMETRO DE CONTROL DE REGULARIDAD CONSTITUCIONAL, PERO CUANDO EN LA CONSTITUCIÓN HAYA UNA

---

[159] *Suprema Corte de Justicia de la Nación, Seguimiento de Asuntos Resueltos por el Pleno de la Suprema Corte de Justicia de la Nación* [en línea], http://www2.scjn.gob.mx/asuntosrelevantes/pagina/seguimientoasuntosrelevantespub.aspx?id=129659&seguimientoid=556, [consulta: 9 de enero, 2023].

RESTRICCIÓN EXPRESA AL EJERCICIO DE AQUÉLLOS, SE DEBE ESTAR A LO QUE ESTABLECE EL TEXTO CONSTITUCIONAL.

JURISPRUDENCIA EMITIDA POR LA CORTE INTERAMERICANA DE DERECHOS HUMANOS. ES VINCULANTE PARA LOS JUECES MEXICANOS SIEMPRE QUE SEA MÁS FAVORABLE A LA PERSONA.

CONTRADICCIÓN DE TESIS 293/2011. ENTRE LAS SUSTENTADAS POR EL PRIMER TRIBUNAL COLEGIADO EN MATERIAS ADMINISTRATIVA Y DE TRABAJO DEL DÉCIMO PRIMER CIRCUITO Y EL SÉPTIMO TRIBUNAL COLEGIADO EN MATERIA CIVIL DEL PRIMER CIRCUITO. 3 DE SEPTIEMBRE DE 2013. PONENTE: ARTURO ZALDÍVAR LELO DE LARREA. SECRETARIO: ARTURO BÁRCENA ZUBIETA.[160]

Se puede esquematizar de la siguiente manera:

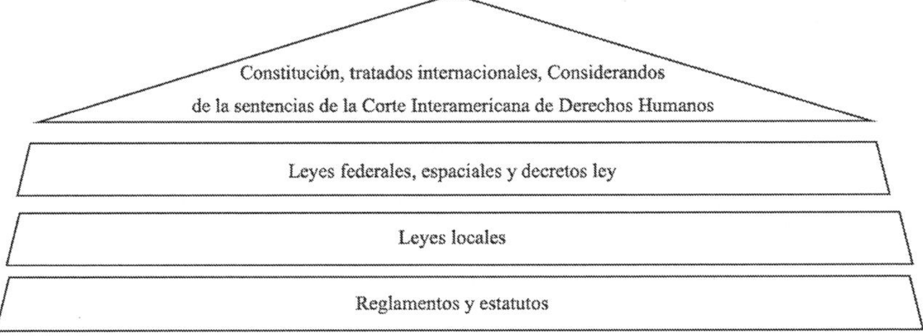

Figura 8. Elaboración propia.

c) *Propuesta de jerarquización de normas en México*

Propuesta de jerarquización de normas a partir del principio *pro persona*

Considero que del mismo artículo primero constitucional principalmente de su segundo párrafo se desprende lo siguiente:

---

[160] Tesis 293/2011, *Semanario Judicial de la Federación y su Gaceta,* Décima Época, Libro 5, Tomo I, abril de 2014, p.96.

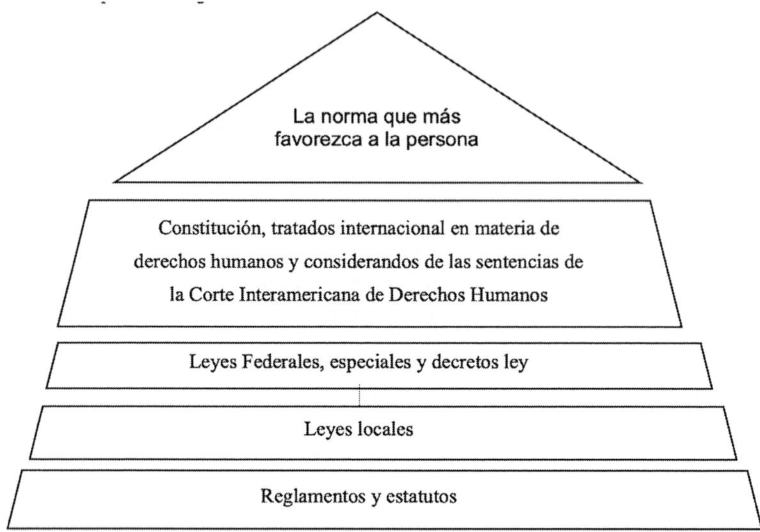

Figura 9. Elaboración propia.

La norma que se aplicará prioritariamente será la que más favorezca a la persona en materia de derechos humanos, no importando que sea local o federal e incluso que vaya en contra de una de mayor rango, si esa norma favorece la protección más amplia a la persona que las otras, aunque sea de menor rango, se debe aplicar. Un ejemplo de ello es el matrimonio entre personas del mismo sexo. Si ambas personas contrajeron matrimonio en la Ciudad de México, el matrimonio vale en toda la república mexicana, y algún Estado que no lo contemple lo debe reconocer en esa interpretación *pro persona.*

Principio *pro persona* como evolución del derecho mexicano

El principio *pro persona* es la evolución del derecho mexicano, pues rompe con todos los criterios de apegarse a la literalidad de la norma como se puede apreciar del análisis realizado. Ahora el juzgador ya no será concebido como un dictador de la ley o desentrañador de la intención del legislador, rompe con la frase del *espíritu del legislador* plasmado en la ley. El principio *pro persona* transforma al juzgador de un aplicador de leyes a un verdadero impartidor de justicia, de un dictador del derecho a un creador del mismo, ya no correspondiéndole dicha tarea únicamente al legislador. Basado en dicho principio el impartidor de justicia se convierte en un elemento activo del derecho y por consiguiente su actuar también va a crear derecho. Pues en la acción de favorecer en todo momento la protección más amplia para la persona tendrá que realizar juicios de ponderación en los cuales va a elegir una norma contenida en legislación federal, en tratados internacionales o local y tendrá que argumentar por qué aplicó determinada norma y por qué dejo de aplicar otra. En esa actividad tendrá que utilizar los elementos que el principio *pro persona* le otorga, por lo tanto, el juzgador, ya no se va a limitar a decir que la conducta realizada se encuadra con determinado artículo y por lo tanto se le aplica la sanción establecida. Ahora tendrá que observar el cúmulo de disposiciones existentes para la situación que está juzgando y elegir el más idóneo para favorecer a la persona.

Con el principio *pro persona* se abre una brecha para todo aquel que verdaderamente pretenda acceder a una justicia, pues ya no solo se cuenta con la ley federal, local, etcétera., ahora también se cuenta con la ley internacional que emana de los tratados internacionales y que se puede hacer valer para favorecer los derechos violados y acceder a una justicia.

Es por ello por lo que se ha transformado nuestro sistema jurídico desde los cimientos y en cada una de sus partes. La forma de enseñar derecho se ha transformado, la forma de ponderar las leyes y aplicarlas, la forma de ejercerlas y de crearlas, así como de interpretarlas y argumentarlas. Aquellos operadores jurídicos que no se apeguen al principio *pro persona*, se despegan de un derecho para las personas y se apegan a un derecho para las leyes con todo lo que ello implica.

Continuando con el análisis del tercer párrafo del artículo primero constitucional que inicialmente señala: "Todas las autoridades, en el ámbito de sus competencias, tienen la obligación de promover, respetar, proteger y garantizar los derechos humanos"

Se aprecia que la disposición en análisis señala: *todas las autoridades,* en ese contexto el Diccionario de la Lengua Española de la Real Academia Española dice que autoridad significa: "1. f. Poder que gobierna o ejerce el mando, de hecho o de derecho. 2. f. Potestad, facultad, legitimidad. 3. f. Prestigio y crédito que se reconoce a una persona o institución por su legitimidad o por su calidad y competencia en alguna materia."[161] En el entendido de que la autoridad es aquel poder que gobierna o ejerce un mando de hecho o de derecho, puedo decir que la autoridad son todas aquellas personas o instituciones que ejercen un mando hacia otras personas que se encuentran subordinadas a dicha figura.

En ese mismo contexto puedo decir que autoridad es desde el presidente de la república, hasta el encargado de personal de alguna institución incluso de una empresa. Siguiendo con el análisis y entendiendo a la autoridad como toda persona o institución que ejerce mandato de hecho o derecho sobre otras personas que se encuentran subordinadas a dicho mandato, están obligadas en el ámbito de sus competencias a promover, respetar, proteger y garantizar los derechos humanos. Es decir, cada figura de autoridad se encuentra obligada a promover y en ese sentido el Diccionario de la Lengua Española de la Real Academia Española dice que promover significa: "1. tr. Impulsar el desarrollo o la realización de algo".[162] En ese mismo contexto, digo que toda autoridad está obligada a impulsar el desarrollo o realización de los derechos humanos en el ámbito de sus competencias, es decir, en el ámbito donde tiene poder. Por ello el presidente de la república está obligado desde la esfera de poder que tiene a impulsar el desarrollo y realización de los derechos humanos, así como el encargado de personal de alguna institución tiene la misma obligación desde el poder que ejerce. Es importante señalar que guardando las debi-

---

161 REAL ACADEMIA ESPAÑOLA, *Diccionario de la Lengua Española de la Real Academia De La Lengua Española,* Madrid, Real Academia Española/ Asociación de Academias de la Lengua Española (ASALE), 2023 [en línea], http://dle.rae.es/?id=LwUON38.

162 *Idem.*

das proporciones de cada figura de autoridad e independiente de las mismas, están obligadas desde el poder que ostentan y ejercen a lo mismo.

Otros elementos que señala la disposición en análisis son los de respetar y proteger. El Diccionario de la Lengua Española de la Real Academia Española dice que respetar es: "1. tr. Tener respeto, veneración, acatamiento".[163] y que proteger es: "2. tr. Amparar, favorecer, defender a alguien o algo".[164]

Es decir que quien ejerce un mandato de gobierno de hecho o de derecho sobre otras personas subordinadas tienen la obligación de impulsar, acatar, defender los derechos humanos. La disposición en análisis también inserta un elemento de suma importancia sin restarle la misma a los anteriores, este elemento es el de garantizar. En ese contexto se encuentra que garantizar significa: "afianzar, asegurar, proteger, defender, tutelar algo, y cuando en la cultura jurídica se habla de garantismo ese <<algo>> que se tutela son derechos o bienes individuales".[165] El concepto de garantizar se ha equiparado al concepto de garantismo en la cultura jurídica cuando se tutelan derechos o bienes. Es así como se observa que el Estado debe tutelar defender y proteger los derechos humanos.

Algunas de las obligaciones específicas del Estado son las siguientes:

a) Tutelar sin discriminación los derechos;

b) Tomar todas las medidas apropiadas para hacer efectivos los derechos dentro de su territorio;

c) Demostrar que las medidas tomadas son las más apropiadas para alcanzar;

---

163 *Idem.*

164 *Idem.*

165 CARBONELL, Miguel y Pedro Salazar Ugarte, coords., *Garantismo, estudios sobre el pensamiento jurídico de Luigi Ferrajoli: La teoría del garantismo: rasgos principales, México,* Trotta-Instituto de Investigaciones Jurídicas UNAM, 2009, p. 21.

d) Establecer vías judiciales para llevar a cabo ante los tribunales las posibles violaciones a los derechos humanos;

e) Lograr progresivamente la satisfacción de los derechos establecidos, entendiendo por progresividad la obligación de hacerlo de manera inmediata y continua;

f) No dar marcha atrás en los niveles de realización alcanzados, puesto que está prohibida o severamente restringida la regresividad;

g) Destinar el máximo de recursos disponibles a cumplir con el objetivo de satisfacer plenamente los derechos;

h) Acreditar que en efecto se ha destinado el máximo de recursos disponibles;

i) En periodo de crisis, priorizar la protección de los miembros más vulnerables de la sociedad, y

j) Asegurar niveles mínimos de satisfacción de los derechos, los cuales deben ser mantenidos incluso en periodo de crisis o de ajustes estructurales.[166]

Quiero señalar que al confrontar lo establecido por nuestra Constitución en el artículo en análisis con la realidad, muchos lo podrían visualizar como algo utópico, sin embargo, la utopía se desvanece y la concreción de dichos ideales se ve más cercana cuando la posibilidad de ejercer esos derechos se encuentran en las mismas manos de los ciudadanos y de los juristas comprometidos con el cumplimiento de dichos ideales.

Aplicación del principio *pro persona* en el caso Jacinta

Como ejemplo de lo anteriormente señalado se abordará el denominado *caso Jacinta* que en síntesis es el siguiente:

---

166 *Ibidem,* p. 101.

Jacinta Francisco Marcial, de origen hñähñú (otomí) del Estado de Querétaro, (junto con dos personas originarias de la misma región: Alberta Alcántara y Teresa González) fue detenida de forma arbitraria el 3 de agosto de 2006 y acusada de secuestrar a seis agentes de la extinta Agencia Federal de Investigaciones (AFI) que —seis meses antes— realizaron un operativo para decomisar mercancía que se presumía apócrifa en al mercado central de Santiago Mexquititlán, Querétaro. Tras un proceso en el que no se respetaron los derechos fundamentales al debido proceso, Jacinta fue sentenciada injustamente a 21 años de prisión y a pagar una multa de 90 mil pesos.

El proceso que condujo a la condena por un delito inexistente estuvo lleno de fallas que constituyeron violaciones a los derechos humanos: la Procuraduría General de la República en al aquél entonces consignó el caso con pruebas inventadas y contradictorias. Hubo, además, irregularidades relativas a su condición étnica: en el momento de su detención su comprensión del español era el mínimo indispensable para realizar operaciones prácticas, por lo que de acuerdo con las normas internacionales de derechos humanos y la Constitución mexicana era necesario que se le hubiera proporcionado un traductor para asistirla. Sin embargo, ningún intérprete la asistió ni durante su declaración preparatoria, ni durante las demás diligencias del juicio.

Jacinta fue liberada el 16 de septiembre de 2009, después de que se ordenó reponer el procedimiento y de que la Procuraduría General de la República (que nunca tuvo pruebas) decidió presentar conclusiones no acusatorias en su contra. Sin embargo, ella permaneció privada de su libertad, lejos de su familia, durante 37 meses.

Como se evidenció durante la defensa del caso, Jacinta fue procesada sin el más elemental respeto a la presunción de inocencia, el derecho a un juicio justo y los derechos inherentes a su identidad indígena. Además, se fabricó un delito de manera dolosa. La acusación se enfocó en señalarla y estigmatizarla como secuestradora.

Después de casi 10 años de que Jacinta fuera condenada injustamente en prisión por un delito que no cometió, en 2016, el Tercer Tribunal Colegiado en Materia Administrativa de la Ciudad de México confirmó que la Procuraduría General de la República debía reparar el daño, mediante la realización de una disculpa pública por haberla detenido, procesado y condenado ilegalmente por el delito de secuestro que no cometió, ya que una indemnización no resarcía por sí sola el daño ocasionado.

En 2017 se llevó a cabo el acto de reconocimiento de inocencia y disculpa pública de la Procuraduría General de la República. Dicho acto también incluyó a las mujeres *hñähñú* Alberta Alcántara y Teresa González.[167]

Es el primer caso donde la Procuraduría General de la República realiza una disculpa como institución y reconoce las fallas realizadas en la integración del proceso en contra de Jacinta Francisco, siendo este acontecimiento un hecho que abre la puerta al nuevo sistema jurídico mexicano. Es verdad que con la disculpa y con la cantidad pecuniaria que se le otorgue a Jacinta no se le podrá reparar el daño, pues los años que paso en prisión injustamente son irreparables, sin embargo, sí podrá tener una mejor calidad de vida en los años venideros, pues el hecho de que se le haya reconocido su inocencia y se le hayan retirado los cargos de los cuales injustamente se le acusaba, es un gran avance para su bienestar.

El caso anteriormente citado, es un ejemplo de que se puede llevar a la realidad lo establecido en el artículo primero constitucional en análisis. Es punta de lanza para accionar con mayor frecuencia los enriquecidos elementos con los que el derecho mexicano cuenta. Por ello la importancia de la preparación de todos aquellos que intervienen en la operación del sistema jurídico, pues es relevante romper con viejos paradigmas poco eficaces.

---

167 *Cfr. Página Oficial del Centro de derechos humanos* [en línea], http://www.centroprodh.org.mx/index.php?option=com_content&view=category&id=237&layout=blog&Itemid=196&lang=es, [consulta: 9 de enero, 2023].

También el caso Jacinta es una muestra de lo peligroso que es mezclar el derecho con la política.

Es de considerar que el cambio de sistema no se va a dar de un momento a otro, la reforma que inserta el principio *pro persona* es de dos mil once y aún hasta nuestros días no se logra el cambio total y aún se puede observar un alto porcentaje de operadores jurídicos que tienen conocimientos muy limitados de los elementos analizados en la presente obra, es por ello que no se deben cesar los esfuerzos para materializar el cambio a favor de un sistema jurídico cada vez más eficaz.

El juicio de ponderación y el principio *pro persona*

Como ya se mencionó, los juicios de ponderación toman una relevancia trascendental, pues el juzgador ahora tendrá que realizar constantemente la acción de ponderar para determinar la ley o principio jurídico que aplicará en determinado caso. Para ello es importante señalar lo siguiente:

> el modo de resolver los conflictos entre principios recibe el nombre de ponderación, aunque a veces se habla también de razonabilidad, proporcionalidad o interdicción de la arbitrariedad. De las distintas acepciones que presenta el verbo "ponderar" y el sustantivo "ponderación" en el lenguaje común, tal vez la que mejor se ajusta al uso jurídico es aquella que hace referencia a la acción de considerar imparcialmente los aspectos contrapuestos de una cuestión o el equilibrio entre el peso de dos cosas. En la ponderación, en efecto, hay siempre razones en pugna, intereses o bienes en conflicto; en suma, normas que nos suministran justificaciones diferentes a la hora de adoptar una decisión. Ciertamente, en el mundo del derecho el resultado de la ponderación no ha de ser necesariamente el equilibrio entre tales intereses, razones o normas; en ocasiones tal equilibrio, que implica un sacrificio parcial y compartido, se muestra imposible, y entonces la ponderación desemboca en el triunfo de alguno de ellos en el caso en concreto.[168]

---

168 CARBONELL, Miguel, coord., *Argumentación jurídica, el juicio de ponderación y el principio de proporcionalidad: El juicio de ponderación constitucional,* México, UNAM-Porrúa, 2011, pp. 77 y 78.

De la cita anterior se desprende que la ponderación es la elección del instrumento jurídico que se va a aplicar al caso en concreto.

Entonces surge la pregunta ¿Qué elementos se observan para poder elegir el mejor instrumento jurídico? Para ello Robert Alexy nos señala lo siguiente:

El núcleo de la ponderación consiste en una relación que se denomina "ley de la ponderación", y que se puede formular de la siguiente manera:

> Cuando mayor sea el grado de no satisfacción o restricción de uno de los principios, tanto mayor deberá ser el grado de la importancia de la satisfacción del otro.
>
> La ley de la ponderación permite reconocer que la ponderación puede dividirse en tres pasos. En el primer paso es necesario definir el grado de la no satisfacción o de afectación de uno de los principios. Luego, en un segundo paso, se define la importancia de la satisfacción del principio que juega en sentido contrario. Finalmente, en un tercer paso, debe definirse si la importancia de la satisfacción del principio contrario justifica la restricción o la no satisfacción del otro.[169]

Robert Alexy realiza la distinción de los elementos para entender la ley de ponderación, señala en la cita anterior que se conforma de tres pasos. El primero es definir el grado de afectación del elemento jurídico que se va a dejar de aplicar. El segundo paso es el grado de satisfacción del elemento jurídico que se va a aplicar. Y como tercer paso la justificación de la aplicación del instrumento jurídico elegido.

En la ponderación, es importante señalar la denominada formula de peso de Robert Alexy, dicha fórmula es la que va a servir como elemento para poder determinar qué instrumento jurídico se va a aplicar en el caso en concreto. Dicha fórmula se desprende de los tres pasos de la ley de ponderación descritos anteriormente.

---

169 *Ibidem*, p.3.

Señala Robert Alexy lo siguiente:

> En su versión completa, la fórmula de peso contiene, junto a las intensidades de las intervenciones en los principios, los pesos abstractos de los principios en colisión y los grados de seguridad en los presupuestos empíricos acerca de la realización y la falta de realización de los principios en colisión, ocasionadas por la medida que se enjuicia. Esto significa que en una colisión entre dos principios el peso concreto o relativo de cada uno de los dos principios depende de tres factores; es decir, en total, de seis factores. Sin embargo, éstos deben ser utilizados en la fórmula sólo cuando los pares de factores son desiguales. Si estos pares son iguales se neutralizan mutuamente. En consecuencia, la utilización de la fórmula antes presentada significa que, a causa de su respectiva igualdad, los pesos abstractos y los grados de seguridad de las premisas empíricas fueron eliminados.[170]

Siguiendo el análisis de la ley de ponderación y la denominada fórmula de peso, Carlos Bernal Pulido señala como ejemplo de la fórmula el siguiente:

> Imaginemos que la vida de un niño depende de una transfusión de sangre, que sus padres rehúsan en razón de sus creencias religiosas. Esta situación implica un conflicto entre el principio de protección de la vida y el derecho a la libertad de conciencia. Ante este conflicto puede preguntarse si es contrario a la Constitución ordenar la práctica de la transfusión en contra de la voluntad de los padres. Un tribunal constitucional puede considerar que el grado de no satisfacción o de afectación del principio *Pi* (libertad de conciencia) es grave (4), así como la importancia de satisfacer el principio *Pj* (protección de la vida del niño (4). Además, el tribunal puede considerar que el peso abstracto de la libertad de conciencia *Pi* es medio (2), y que el derecho a la vida es intenso (4); por último, puede estimar que las apreciaciones empíricas concernientes a la importancia de ambos principios son seguras (1). En este caso, la aplicación de la nueva ley de la ponderación llevaría a la siguiente conclusión:
>
> proteger la vida del niño debe considerarse constitucional.[171]

---

170 *Ibidem,* p. 18.

171 *Ibidem,* pp. 41 y 42.

Otro ejemplo que es prudente citar es nuevamente el caso *Riggs vs Palmer* referido en el capítulo cuarto del presente trabajo. En ese caso se observa que no existe ley que le impida heredar al asesino de su abuelo titular de los bienes de la herencia.

En el caso señalado la fórmula operaría de la siguiente forma: El conflicto surge entre el derecho a heredar y la ventaja que obtuvo al haber asesinado al abuelo para heredar antes de tiempo.

Ante ese conflicto sería necesario preguntarse si es constitucional negarle la herencia al nieto u otorgársela, pues paralelamente se encuentra siendo juzgado por el delito de homicidio, mismo que determinará la sanción que le corresponde.

Se puede considerar el grado de no satisfacción o de afectación del principio *Pi* (derecho a heredar) es medio (2), pues no existe ley que le niegue poder heredar. La importancia de satisfacer el principio *Pj* (que en este caso sería el asesinato del abuelo) que es intenso (4). Por lo tanto, se puede considerar que si el derecho a heredar tiene un peso medio y el asesinato del abuelo tiene un peso intenso, negarle la herencia no sería anticonstitucional. Con dichos razonamientos se crea derecho. Es la importancia de la ponderación al momento de elegir el instrumento jurídico que se va a aplicar.

Como se puede apreciar, el ejercicio del derecho no es únicamente la aplicación de literal de la norma jurídica contenida en determinado código o reglamento. En la actualidad, los ejercicios de ponderación se deben de realizar constantemente y por todas las autoridades sin caer en excesos y sin entender que en todos los casos se pondera, existen casos que no es necesario ponderar. Es importante señalar que la utilización de la ponderación no es exclusiva de los altos tribunales ni de los ministros de la corte. Cada autoridad está obligada a ponderar para elegir el instrumento jurídico que más favorezca a la persona, así como cualquier operador jurídico.

El principio *pro persona* se debe de respetar en todas las esferas de autoridad y es deber de los ciudadanos hacerlo valer para que prevalezca en la sociedad mexicana lo que es justo, entendido como el referente aristotélico de que "llamamos justo a lo que produce y protege la felicidad y sus elementos en la comunidad política".[172]

Es obligación de todos aquellos que pertenecemos al gremio jurídico, romper con los viejos paradigmas y actualizarse en las corrientes de principios jurídicos, argumentación jurídica, ponderación y demás instrumentos jurídicos que permitan interpretar y aplicar la norma a favor de las personas en todo momento, mediante el verdadero ejercicio profesional y con ello, producir y proteger la calidad de vida de nuestra sociedad y por consecuencia, para nosotros mismos. Entender al derecho como instrumento de protección y mejora de la calidad de vida.

---

172 ARISTÓTELES, *Ética Nicomaquea,* 2a. ed., trad. de Rafael Rutiaga, México, Editorial Tomo, 2006, p. 98.

Fuentes de información

Bibliografía

ALEXY, Robert, *El concepto y la validez del derecho,* España, Gedisa, 2004.

ARISTÓTELES, *Ética Nicomaquea,* 2a. ed., trad. de Rafael Rutiaga, México, Editorial Tomo, 2006.

ATIENZA, Manuel, *El sentido del derecho, Ariel,* 2012.

ATIENZA, Manuel, *Las razones del derecho, teorías de la argumentación jurídica,* 5a. reimpresión, México, UNAM, 2011.

ATWOOD, Roberto, *Diccionario jurídico,* México, Librería Bazán, 1981.

BELADIEZ ROJO, Margarita, *Los principios jurídicos,* Madrid, Tecnos, 1997.

BOBBIO, Norberto, *El problema del positivismo jurídico,* México, Fontamara, 1991.

BOBBIO, Norberto, *Teoría General del Derecho,* Madrid, Debate, 1990.

BUNGE, Mario, *La investigación científica,* 4a. ed., México, Siglo XXI, 2007.

CARBONELL, Miguel, coord., *Argumentación jurídica, el juicio de ponderación y el principio de proporcionalidad,* México, UNAM-Porrúa, 2011.

CARBONELL, Miguel y Pedro Salazar Ugarte, coords., *Garantismo, estudios sobre el pensamiento jurídico de Luigi Ferrajoli,* 2a. ed., México, Trotta, 2009.

CARBONELL, Miguel y Pedro Salazar Ugarte, coords., *La Reforma Constitucional de Derechos Humanos: Un Nuevo Paradigma,* México, UNAM-Instituto de Investigaciones Jurídicas, 2011.

CÁRDENAS GRACIA, Jaime, *Introducción al estudio del derecho,* México, Instituto de Investigaciones Jurídicas-Nostra, 2009

CÁRDENAS GRACIA, Jaime, *La argumentación como derecho,* UNAM, México, 2010.

COMTE, August, *Cours de philosophie positive,* trad. resumida de Martineau, vol. I, 2008.

GALINDO SIFUENTES, Ernesto, *Argumentación jurídica, técnicas de argumentación del abogado y del juez,* México, Porrúa, 2008.

GARCÍA MÁYNEZ, Eduardo, *Introducción al estudio del derecho,* 59a. ed., México, Porrúa, 2006.

GARCÍA MÁYNEZ, Eduardo, *Positivismo jurídico, realismo sociológico y iusnaturalismo,* México, Fontamara, 1993.

GARZÓN VALDÉS, Ernesto y Laporta, Francisco J., coords., *Enciclopedia Iberoamericana de Filosofía,* t. II: *El derecho y la Justicia,* Madrid, Trotta, 2000.

GONZÁLEZ RUÍZ, Samuel, *Código semiótico y teorías del derecho,* México, DJC, 2004.

KAUFMANN, Arthur, *Filosofía del derecho,* 2a. ed., *trad.* de Luis Villar Borda y Ana María Montoya, Colombia, Universidad Externado de Colombia, 2002.

KELSEN, Hans, *¿Qué es la Justicia? Original 1953,* trad. de Ernesto Garzón Valdés, México, Biblioteca de Ética, 2001.

KELSEN, Hans, *Teoría Pura del Derecho,* trad. de Roberto Vernengo, México, Porrúa México, 1982.

LARIOS VELASCO, Rogelio y Lucila Caballero Gutiérrez, *Las directivas de la interpretación jurídica,* México, Fontamara, 2011.

L.A. HART, *El concepto de derecho,* trad. De Genaro R. Carrió, Buenos Aires, Argentina, Editorial ABELEDO-PERROT, 1998.

MORALES HERNÁNDEZ, Manuel, *Principios generales de derecho,* México, Porrúa, 2009.

OST, Francois y Michelle Van de Kerchove, *Elementos para una teoría crítica del derecho,* Colombia, UNIANDES, 2001.

PÉREZ LUÑO, Antonio Enrique, *et al., Teoría del Derecho,* Madrid, Tecnos, 2004, p. 213.

PEREZNIETO CASTRO, Leonel, *Introducción al estudio del derecho,* 7a. ed. México, Editorial OXFORD, 2016.

PLATÓN, *Diálogos II, Gorgias o de la retórica,* 3a. ed., trad. de Ivonne Saíd Marínez, México, Grupo Editorial Tomo, 2010.

PONCE ESTEBAN, María, *Los conceptos de justicia y Derecho* en Kant, Kelsen, Hart, Rawls, Habermas, Dworkin y Alexy, México, Universidad Iberoamericana, 2005, p. 2014.

RECASÉNS SICHES, Luis, *Introducción al estudio del derecho,* 17a. ed., México, Porrúa, 2014.

RODRÍGUEZ CARBALLEIRA, Álvaro, *El lavado de cerebro: psicología de la persuasión coercitiva,* Barcelona, *Boixerau* Universitaria, 1992.

RODRÍGUEZ MANZANERA, Carlos, *Introducción al Estudio del Derecho,* México, Facultad de Derecho-Porrúa, 2017.

ROJAS AMANDI, Víctor, *La filosofía del Derecho de Immanuel Kant,* México, 2004.

ROJAS Yáñez Matías, *Kant y la necesidad de la propiedad privada,* Cune, Santiago de Chile, 2009.

RONALD Dworkin, *El Imperio de la justicia,* Gedisa, México, 1988.

TAMAYO Y SALMORÁN, Rolando, *Introducción analítica al estudio del derecho,* 2a. ed., México, Themis, 2011.

TAMAYO Y SALMORÁN, Rolando, Ciencia *del Derecho y Enunciados. Derecho y Normas, un enfoque de análisis conceptual y epistemología crítica,* tirant lo Blanch, México, 2021.

VÁZQUEZ, Rodolfo (Coord.), *Filosofía Jurídica, Ensayos en homenaje a Ulises Schmill,* México, Porrúa, 2005.

WESTON, Anthony, *Las claves de la argumentación,* 14a. ed., trad. de Jorge F. Malem, Ariel, Barcelona, 2008.

1. Diccionarios en línea

Diccionario Jurídico Popjuris, [en línea], http://www.popjuris.com/diccionario/definicion-de-formalismo-juridico/.

REAL ACADEMIA ESPAÑOLA, *Diccionario de la Lengua Española de la Real Academia De La Lengua Española,* Madrid, Real Academia Española/ Asociación de Academias de la Lengua Española (ASALE), 2021 [en línea], http://dle.rae.es/?id=LwUON38.

RETÓRICAS.COM, *Diccionario Retóricas,* [en línea], http://www.retoricas.com/2009/06/definicion-de-retorica.html.

FILOSOFÍA.ORG, *Diccionario Soviético De Filosofía,* 2000 [en línea], http://www.filosofia.org/enc/ros/antinomi.htm.

Tribunal Electoral Del Poder Judicial De La Federación, [en línea], http://te.gob.mx/taxonomy/term/147/0.

Hemerografía

1. En línea

ANCHONDO PAREDES, Víctor Emilio, "Métodos de interpretación jurídica", en *Revista Quid Iuris,* México, vol. 16, año 6, [en línea], http://historico.juridicas.unam.mx/publica/librev/rev/qdiuris/cont/16/cnt/cnt4.pdf, [consulta: 9, 2021].

ATIENZA, Manuel, "El Derecho como argumentación", en *Isegoría,* re*vista de filosofía moral y política,* Madrid, núm. 21, noviembre, 1999, pp. 37-48. http://isegoria.revistas.csic.es/index.php/isegoria/article/view/76/, [consulta: 9, 2021].

BIX, Brian, "Teoría del derecho: tipos y propósitos", *Isonomía,* México, núm. 25, 2006, p. 63., http://www.scielo.org.mx/scielo.php?pid=S140502182006000200004&script=sci_arttext, [consulta: 9, 2021].

ISLAS MONTES, Roberto, "Principios Jurídicos", en *Anuario de Derecho Constitucional Latinoamericano,* Montevideo, Año XII, 2011, file:///C:/Users/sergio/Downloads/3974-3516-1-PB%20(1).pdf, [consulta: 9, 2021].

SERRANO, Enrique, "La teoría aristotélica de la justicia", en Scielo, México, núm. 22, abril de 2005 [en línea], http://www.scielo.org.mx/scielo.php?script=sci_arttext&pid=S1405-02182005000100006#nota., [consulta: 9, 2021].

Electrónicas

1. Consulta

Constitución Política de Los Estados Unidos Mexicanos [en línea], http://www.diputados.gob.mx/LeyesBiblio/pdf/1_240217.pdf, [consulta: 9, 2021].

Convención Americana Sobre Derechos Humanos [en línea], https://www.oas.org/dil/esp/tratados_b32_convencion_americana_sobre_derechos_humanos.htm, [consulta: 9,2021].

Ley General Del Sistema De Medios De Impugnación En Materia Electoral [en línea], http://www.diputados.gob.mx/LeyesBiblio/pdf/149.pdf, [9, 2021].

Página Oficial del Centro de derechos humanos [en línea], http://www.centroprodh.org.mx/index.php?option=com_content&view=category&id=237&layout=blog&Itemid=196&lang=es, [consulta: 2 de agosto, 2017].

Suprema Corte de Justicia de la Nación, Seguimiento de Asuntos Resueltos por el Pleno de la Suprema Corte de Justicia de la Nación [en línea], http://www2.scjn.gob.mx/asuntosrelevantes/pagina/seguimientoasuntosrelevantespub.aspx?id=129659&seguimientoid=556, [consulta: 2 de agosto, 2017].

Jurisprudencia

Sala Superior del Tribunal Electoral del Poder Judicial de la Federación, *Sentencia Partido Acción Nacional/ Herminio Ventura, http://sjf.scjn.gob.mx/IusElectoral/Documentos/Sentencias/SUP-JRC-204-2001.pdf*

Tesis: P.LXXVII/99, Semanario *Judicial de la Federación y su Gaceta,* Novena Época, t, X, noviembre de 1999, Pág. 46

https://sjf.scjn.gob.mx/sjfsist/Paginas/DetalleGeneralV2.aspx?ID=192867&Clase=DetalleTesisBL

Tesis 2012416. I.4o.C.5 K (10a.), *Semanario Judicial de la Federación y su Gaceta,* Décima Época, Libro 33, agosto de 2016, Pág. 2532

https://sjf.scjn.gob.mx/sjfsist/Paginas/DetalleGeneralV2.aspx?ID=2012416&Clase=DetalleTesisBL&Semanario=0

Tesis 165344. I.4o.C.220 C., Tribunales Colegiados de Circuito, *Semanario Judicial de la Federación y su Gaceta,* Novena Época, Tomo XXXI, febrero de 2010, Pág. 2788 *http://sjf.scjn.gob.mx/SJFSist/Documentos/Tesis/165/165344.pdf*

Tesis 293/2011, *Semanario Judicial de la Federación y su Gaceta,* Décima Época, Tomo I, Libro 5, abril de 2014, Pág. 96.

https://sjf.scjn.gob.mx/sjfsist/Paginas/DetalleGeneralScroll.aspx?id=24985&Clase=DetalleTesisEjecutorias

Tribunal Electoral del Poder Judicial de la Federación, criterio de interpretación funcional, *http://te.gob.mx/taxonomy/term/147/0*